蒙汉文互译 出版工程

蒙古秘史

佚名 著

特·官布扎布 译

内蒙古人民出版社

图书在版编目（ＣＩＰ）数据

蒙古秘史 / 佚名著 ; 特·官布扎布译 . —— 呼和浩
特 : 内蒙古人民出版社，2017.12
　　蒙汉文互译出版工程
　　ISBN 978-7-204-15159-2

　　Ⅰ . ①蒙… Ⅱ . ①佚… ②特… Ⅲ . ①蒙古族 - 民族
历史 - 中国 Ⅳ . ① K281.2

中国版本图书馆 CIP 数据核字 (2017) 第 325938 号

蒙古秘史

译　　者	特·官布扎布
责任编辑	王　静
封面设计	徐敬东
责任印制	王丽燕
出版发行	内蒙古人民出版社
地　　址	呼和浩特市新城区中山东路 8 号波士名人国际 B 座
网　　址	http：//www.impph.com
印　　刷	内蒙古恩科赛美好印刷有限公司
开　　本	710mm×1000mm　1/16
印　　张	18
字　　数	200 千
版　　次	2018 年 1 月第 1 版
印　　次	2018 年 1 月第 1 次印刷
印　　数	1—2000 册
书　　号	ISBN 978-7-204-15159-2
定　　价	78.00 元

如发现印装质量问题，请与我社联系。

联系电话：（0471）3946120

"蒙汉文互译出版"工程
编委会

主　任　白玉刚

副主任　周纯杰　姜伯彦

委　员　（按姓氏笔画排序）

王凯　王石庄　王颖中　乌云格日勒

乌力吉套格套　包双龙　吉日木图　刘少坤

李昂　张宇　张小嵬　宋武官　庞亚民

其其格　武连生　特·官布扎布　郭刚

韩昀祥　新娜　额尔敦仓

"蒙汉文互译出版"工程
专家组

文化与文学组组长　特·官布扎布

史学与文献组组长　王石庄

成　员　（按姓氏笔画排序）

仁钦　白·特木尔巴根　那仁朝格图

梅花　萨日娜　锡林巴特尔　嘎日迪

额尔顿哈达　额尔德木图

总 序

姜伯彦

  文化是一个国家、一个民族的灵魂。文化兴则国运兴，文化强则民族强。夺取新时代中国特色社会主义伟大胜利，实现中华民族伟大复兴，必须坚定文化自信，推动文化繁荣兴盛，在创造性转化、创新性发展中，铸就中华文化新辉煌。

  文化因交流而多彩，

  文明因交融而灿烂。

  蒙古民族是中华民族大家庭中的一员，在长达千年的历史时空中，"马背民族"绘就了气势恢宏、光彩夺目的历史画卷，创造了悠久灿烂的历史文化。蒙古族音乐、舞蹈、曲艺、绘画、军事、科技、历史典籍、文学作品和风俗习惯等极具特色、内涵丰富，形成了多彩厚重的文化积淀和典籍传承，为铸就灿烂辉煌的中华文化做出了独特、卓越的贡献。

时代在发展，历史在前进。在历史长河中创造的、并为灿烂多彩的中华文化做出卓越贡献的蒙古族历史文化，也面临着保护性抢救、拓展性挖掘和传承性弘扬的时代课题。立足新时代，系统总结蒙古族历史文化，传承弘扬蒙古族历史文化精神，集中展现蒙古族历史文化精髓，对于坚定文化自信，推进内蒙古文化强区建设，建设社会主义文化强国意义重大。

　　文化的厚植在于交流，

　　文化的发展在于交流，

　　文化的魅力在于交流。

　　蒙古民族创造的特色浓郁的历史文化，既是蒙古族的，更是中国的、世界的。把以母语形式记载和流传的蒙古族历史文化、文学艺术、军事科技、民间艺术、民俗风情等译成汉文出版，既是人们认识、欣赏、品味蒙古族和壮美内蒙古的一把钥匙，也是人们认识、欣赏、品味丰富独特的蒙古族历史文化的一个窗口。同时，将中华民族五千年文明史所孕育的中华传统文化，党领导人民在革命、建设、改革中创造的革命文化和社会主义先进文化译成蒙古文出版，能够进一步促进蒙古族文化在汲取中华传统文化、革命文化和社会主义先进文化的内涵精髓中突出民族性、体现时代性，在融合发展、繁荣兴盛中熠熠生辉；能够进一步促进各民族人民在坚定文化自信中增强"五个认同"，为实现中华民族伟大复兴的中国梦砥砺前行、不懈奋斗。同时也为世界其他国家和地区的蒙古族同胞了解认知中华文化，了解认知中国，了解认知中华民族共同团结奋斗、共同繁荣发展的生动实践提供了重要渠道。

文脉相传、薪火相承。在内蒙古自治区党委、政府的高度重视下，我们启动了"蒙汉文互译出版"工程。工程坚持"抢救挖掘、交流交融、传承弘扬"的原则，精选蒙古族历史文化有传承、传播价值的作品翻译成汉文出版。精选中华传统文化、革命文化和社会主义先进文化有交流、传播价值的作品翻译成蒙古文出版。同时，服务"一带一路"倡议，树立国际视野，面向世界推介传播蒙汉文互译出版精品。

"蒙汉文互译出版"工程，由自治区党委宣传部组织领导，自治区新闻出版广电局具体实施，在编委会的统筹下推进。工程面向国内外征集有价值的选题作品，由专家委员会评审确定。工程指定出版单位，按照标识、开本、封面、版式、纸张"五统一"的方式出版，立足系统化、规模化、标准化，将互译出版的图书做成系列。

文化贵在大众化。没有大众化传播，难以形成高度的文化自觉和文化自信。"蒙汉文互译出版"工程，坚持大众化方向和通俗化、时代化原则，在尊重原义、保留原味的基础上，使译著更鲜活、更生动、更具可读性和吸引力。

文化重在面向世界。不能走向世界的文化，难以在世界文化的交流和碰撞中，尽显强大的生机活力和认同力、影响力。"蒙汉文互译出版"工程，运用市场手段，对翻译作品进行全方位的宣介、发行，最大限度地让国内外读者欣赏到蒙汉文互译出版精品，感受中华文化和蒙古族历史文化的魅力。

回眸过去，在内蒙古出版史上，如此系统化、大规模、高质量地打造"蒙汉文互译出版"工程，尚为首次。我们深知工程意义深远，使命光荣，责任重大，定不辱使命、不负众望，把"蒙汉文互译出版"工程组织好、实施好、推进好，为推动社会主义文化繁荣兴盛做出贡献。同时，我们也深知，蒙古族历史文化和中华文化的典籍文献、发展成果浩如烟海，因工程浩大和蒙汉文互译的难度，互译出版作品难免存有疏漏和不足，敬请赐教。

2017 年 12 月

目录

1

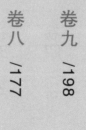
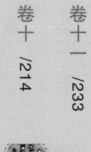

卷一

成吉思汗的根祖是苍天降生的孛儿帖赤那。他的妻子为豁埃马阑勒。他们渡腾汲思水来到位于斡难河源头的不儿罕山，生有一个儿子叫巴塔赤罕。

〉斡难河〈

斡难河、不儿罕山。斡难河是今蒙古国温都尔汗东北石勒河支流，今名鄂嫩河。斡难河与不儿罕山，在蒙古民族的历史记忆中痕迹极深，是蒙古民族的兴起之地。

巴塔赤罕的儿子叫塔马察，塔马察的儿子叫豁里察儿篾儿干，豁里察儿篾儿干的儿子叫阿兀

·肯特山·

〉都蛙锁豁儿〈

独眼都蛙锁豁儿是《蒙古秘史》中具有神奇色彩的人物形象。他的独眼究竟能看见多远的距离呢？一说是一程大约三十华里，一说是一程等于从一个营盘到另一处营盘的距离。因为都蛙锁豁儿形象独特，后人多有诗文描写。

站孛罗温勒，阿兀站孛罗温勒的儿子叫撒里合察兀，撒里合察兀的儿子叫也客你敦，也客你敦的儿子叫挦锁赤，挦锁赤的儿子叫合儿出。

合儿出的儿子叫孛儿只吉歹篾儿干，其妻是名为忙豁勒真豁阿的女子。他们的儿子叫脱罗豁勒真伯颜，娶孛罗黑臣豁阿为妻。拥有名为孛罗勒歹速牙勒必的家奴和叫答驿儿、孛骡的两匹骏马。脱罗豁勒真伯颜

· 蒙古国杭爱省草原 ·

有两个儿子，一为都蛙锁豁儿、一为朵奔篾儿干。

都蛙锁豁儿的额头上有只独眼，能看清三程远的地方。

一天，都蛙锁豁儿和弟弟朵奔篾儿干一起登上不儿罕山。都蛙锁豁儿从山上看见向统格黎溪走来的一群百姓。便说："在那迁徙而来的人群中，有一女子坐在黑色车子的前头，是个不错的女孩。如未出嫁，将她娶给朵奔篾儿干弟弟为妻吧！"说完，便派朵奔弟弟前往探看。

朵奔篾儿干走过去了解到，那女子叫阿阑豁阿，未曾嫁人。她相貌出众，颇有名气。她是豁里秃马惕的首领豁里剌儿台篾儿干之妻巴儿忽真豁阿所生之女，生于名为阿里黑兀孙的地方。她的母亲巴儿忽真豁阿是巴儿忽真洼地之主巴儿忽歹篾儿干的女儿。这群百姓便是豁里剌儿台篾儿干首领的部众。

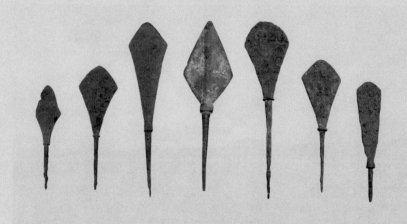

·铁箭镞·

在豁里秃马惕，豁里剌儿台篾儿干因狩猎之事发生内讧，继而变成豁里剌儿氏。他们得知不儿罕山猎物众多，便向此地之主兀良孩投奔而来。如此这般，朵奔篾儿干便与阿阑豁阿结成了夫妻。

婚后，他俩生有两个儿子，一为不古讷台，一为别勒古讷台。

哥哥都蛙锁豁儿生有四个儿子。都蛙锁豁儿过世后，他的孩子们从不把朵奔篾儿干叔叔放在眼里，不久便弃他而去，变成了朵儿边氏人。

此后有一天，朵奔篾儿干在脱豁察黑温都儿山上打猎时，遇见了一个正在树林里烧烤猎物内脏的兀良哈歹人，便说："把肉给我吧！"

兀良哈歹人听罢，取下鹿头，皮子和肺，其余全部给了朵奔篾儿干。朵奔篾儿干驮着鹿肉赶路时，又遇见了一个领着孩子的穷人。朵奔篾儿干问："你是什么人？"

"我是马阿里黑伯牙兀歹人,现在极为饥饿。请把鹿肉给我吧,我把这孩子送给你!"

朵奔篾儿干依照那人的请求,把一条鹿后腿分给了他,之后领着那人的孩子回到了家,把他当做了自家的佣人。

生活如此地继续着。后来,朵奔篾儿干去世了。朵奔篾儿干去世后,他的寡妇妻子阿阑豁阿又生下了叫不忽合塔吉、不合秃撒勒只、孛端察儿蒙合黑的三个儿子。

于是,朵奔篾儿干所生的别勒古讷台、不古讷台两个儿子感到大惑不解,便背着母亲议论道:"咱的母亲,在既无丈夫又无房亲兄弟的情况下生下了三个儿子。家里只有来自马阿里黑伯牙兀歹的佣人,这三个孩子是他的儿子吧?"不久,阿阑豁阿觉察出了孩子们的这般议论。

春季的一天,阿阑豁阿煮熟风干羊肉,让五个孩子吃饱了肚子。接着让他们并排坐下后,给每人发了一支箭,令他们折断。孩子们很容易地折断了各自的一支箭。然后,阿阑豁阿又把五支箭捆到一起交给孩子们去折。孩子们

·马奶制作工具·

费了大半天劲，最终都未能折断这捆在一起的五支箭。

于是，阿阑豁阿说道："别勒古讷台、不古讷台两人对我所生三子以及父为何人一事充满了怀疑和猜测。你们的怀疑有道理。但你们有所不知的是，每到深夜有一发光之人从天窗飞进屋内抚摸我的腹部，其光芒都透入我的腹内。待到天亮时，才同黄狗般地爬将出去。你们怎能乱加猜疑！由此看来，必为上天之子，怎可与凡生相比？待将成为万众之主时，人们才会明白的呀！"

阿阑豁阿接着又对孩子们说："你们五个全是我

·狩猎图（岩画）·

生的，若不齐心，会像单支箭那样容易被人折断，如能协力，就会像捆好的五支箭一样不易被人对付的！"不久，母亲阿阑豁阿去世了。

阿阑豁阿过世后，因兄弟五人不合，由别勒古讷台、不古讷台、不忽合塔吉、不合秃撒勒只四人分掉马群等家产后过起了各自的日子。兄弟四人嫌孛端察儿蒙合黑愚拙，不当做兄弟看待，没分给他任何家产。

·人形金饰件·

> 阿阑豁阿 〈

圣母阿阑豁阿五箭教子的故事是蒙古族历史上倡导团结精神的经典故事，也是流传最广，深入人心的典故之一。在日常生活中，长辈们常常用这一典故教育自己的后代。有的专家认为，团结是蒙古民族精神的重要组成部分，这一典故形象生动地表现了这一精神。所以，在蒙古族的文化生活中，多有表现这一情节的文章、论著、书画及舞台作品。

既被亲人抛弃，何以留在此地！孛端察儿愤然跨上骨瘦如柴的青白马，抱定"死就死，活就活"的决心，顺着斡难河水走了下去。走到名叫巴勒谆岛的地方后，才搭起草棚子住了下

·羊群庙祭祀遗址石雕人像·

来。此间，孛端察儿见一雏鹰正在捕食黑野鸡，便用青白马的尾毛做成套子，套住雏鹰后把它带回家养了起来。

衣食无着的孛端察儿常常射杀被狼围困在山崖间的猎物或拾来被狼吃剩的片肉残骨，用来充饥并喂养捉来的雏鹰。这般艰难地熬过了冬天，待到春暖花开雁鸭飞回的时候，他所纵鹰捕来的猎物已挂满了林间树枝。

此间，一群百姓从都亦连山后迁到了统格黎溪边。孛端察儿每天将鹰放飞后，走到他们中间讨喝酸马奶，傍晚时才回自己的草棚子。那群百姓曾向孛端察儿讨要过他的鹰，但他没给。他们互不探问对方的来历，相隔不远地过着各自的日子。

孛端察儿的哥哥不忽合塔吉因惦念弟弟，顺着斡难河向弟弟走去的方向出发了。他走到统格黎溪边，向那群百姓打探弟弟的消息。那群百姓说："有一人，每天来这里喝酸马奶。他的相貌和马匹与你所说的完全相同。他养有一只猎鹰。他究竟住在何处，我们也不知道。每当刮起西北风时，都会飞来满天的羽毛。由此看来，他的住处就在附近。不一会儿他就会过来，

孛端察儿蒙合黑即孛端察儿，又写孛端又儿。成吉思汗之十世祖，孛儿只斤氏创氏祖先。有学者认为，孛端察儿所说"身必有首，衣必有领"之句是蒙古族哲学思想的开河之语。

稍等片刻！"

过一会儿，有一人果然向统格黎溪边走来。走过去一看果真是孛端察儿。于是，哥哥不忽合塔吉领着弟弟孛端察儿向斡难河上游急奔而去。

孛端察儿跟在哥哥的后面，大声说道："兄长，兄长，身必有首，衣必有领啊！"对此，走在前面的不忽合塔吉未予搭理。接着，孛端察儿重又说了一遍，但不忽合塔吉仍未答话。当孛端察儿再次说起时，他哥哥问道：

· 8世纪鲜卑射猎彩绘（木版画）·

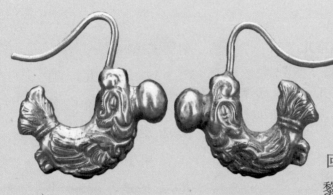

·摩羯形金耳坠·

"这句话，你为什么反复唠叨？"

孛端察儿回答道："统格黎溪边的那些百姓是一群散民。他们不分大小，不分贵贱，也没有头领。如此游民，我们应前去掳获！"

不忽合塔吉说："那好，我们回家与兄弟商议掳取办法。"

回家后兄弟五人商定了掳取办法，并派孛端察儿打头。

打头的孛端察儿先抓获一孕妇，问："你是什么人？"孕妇回答道："我是札儿赤兀惕·阿当罕·兀良合歹人。"

如此，兄弟五人发起攻击，轻易地征服了对方。他们不仅缴获了牲畜，又将那些百姓带回家中奴役了下来。

那位孕妇随孛端察儿后生了一个儿子。因是札惕百姓之子，故名为札只剌歹，后成札答阑氏祖先。札只剌歹的儿子土古兀歹，土古兀歹的儿子不里不勒赤鲁，不

> 札答阑氏 〈

在蒙古族历史上赫赫有名的札木合也是孛端察儿的后代子孙。因其四世祖先是孛端察儿掳来的孕妇所生，便成了札答阑氏。

孛儿只斤氏便是成吉思汗所属的氏族，也就是被称为"黄金氏族"的氏族。直到20世纪中叶，蒙古贵族中的绝大多数属于该氏族。该氏族统治蒙古8个世纪之久。今内蒙古地区正骨医师多出自该姓氏，其疗效神奇之极。

里不勒赤鲁之子合剌合答安，合剌合答安的儿子便是札木合。由此，他们成为札答阑氏。

那妇人又为孛端察儿生了一个儿子。因妻子是掳来之人，故给他取名巴阿里歹。巴阿林氏的祖先便是他。巴阿里歹的儿子赤都忽勒孛阔。因他娶妻众多，生下儿女如云。故成了篾年巴阿邻的先祖。

别勒古讷台成了别勒古讷惕氏创氏祖先，不古讷台成了不古讷惕氏创氏祖先，不忽合塔吉成了合塔斤氏创氏祖先，不合秃撒勒只成了撒勒只兀惕氏创氏祖先，孛端察儿成了孛儿只斤氏创氏祖先。

孛端察儿的原配妻子生有一个儿子，名为巴林失亦剌秃合必赤。孛端察儿又把随妻而来的侍女纳为妾，并生了一个儿子，叫沼兀列歹。孛端察儿在世时，沼兀列歹具

· 鎏金双面人头银饰件 ·

·蒙古骑兵征战图·

有参加祭祀仪式的权力。

孛端察儿过世后，沼兀列歹被疑为阿当罕·兀良合歹人的后代，便被逐出了祭祀仪式。之后，他成了沼兀列惕氏的创氏祖先。

合必赤把阿秃儿之子篾年土敦，篾年土敦共有七个儿子。他们分别是合赤曲鲁克、合臣、合赤兀、合出剌、合赤温、合阑歹和纳臣把阿秃儿。

合赤曲鲁克的儿子海都，其母为那莫伦。合臣的儿子那牙吉歹，因举止如官，后成那牙勤氏祖先。合赤兀的儿子巴鲁剌台身高马大，吃起来狼吞虎咽，后成巴鲁剌思氏祖先。合出剌的儿子也像个饿死鬼，故有大巴鲁剌、小巴鲁剌等绰号，并与额儿点图巴鲁剌、脱朵延巴鲁剌等一同成为巴鲁剌氏。合阑歹的孩子们如同锅里煮饭，无次无序，故成不答安氏。合赤温的

〉泰亦赤兀〈

泰亦赤兀，加复数后念作泰亦赤兀惕。蒙古尼鲁温部的一支，与孛儿只斤同宗，均为海都后裔，传至曾孙俺巴孩后自成一部。游牧于斡难河流域。自合不勒可汗统一蒙古部，始终与孛儿只斤部在一起，俺巴孩被立为可汗后，结怨分离，泰亦赤兀惕部首领塔儿忽台乞邻勒秃黑等曾同札答阑部结盟，多次与成吉思汗争战，公元 1201 年，被帖木真击败，逃至斡难河北，多被俘虏，残余依附于乃蛮，乃蛮败亡时同被征服。(可汗、罕、合罕、可罕等在蒙古语中意思完全相同。)

儿子阿答儿乞歹，因好行争斗，故成阿答儿斤氏。纳臣把阿秃儿生有二子，名为兀鲁兀歹、忙忽台，就成为兀鲁兀惕、忙忽惕氏。纳臣把阿秃儿的原配妻子还生有两个儿子，一名为失主兀歹，一名为朵豁剌歹。

海都有三个儿子，其名为伯升豁儿多黑申、察剌孩领忽和抄真斡儿帖该。伯升豁儿多黑申的儿子叫屯必乃薛禅。察剌孩领忽的儿子叫想昆必力格，与俺巴孩等成了

·蒙古王公饮酒图（波斯细密画）·

M G M S

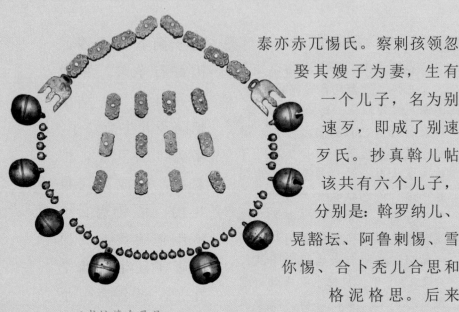

·双龙纹鎏金马具·

泰亦赤兀惕氏。察剌孩领忽娶其嫂子为妻，生有一个儿子，名为别速歹，即成了别速歹氏。抄真斡儿帖该共有六个儿子，分别是：斡罗纳儿、晃豁坛、阿鲁剌惕、雪你惕、合卜秃儿合思和格泥格思。后来各成为该姓氏的祖先。

屯必乃薛禅有两个儿子，一为合不勒可汗，一为捊薛出列。捊薛出列的儿子不勒帖出把阿秃儿。合不勒可汗有七个儿子，他们分别是：斡勤巴儿合黑、把儿坛把阿秃儿、忽秃黑秃蒙古儿、忽图剌可汗、忽阑、合答安、脱朵延斡惕赤斤。

斡勤巴儿合黑的儿子忽秃黑秃主儿乞，忽秃黑秃主儿乞的儿子为撒察别乞、泰出二人，后成主儿乞氏先祖。

把儿坛把阿秃

〉合不勒〈

合不勒，时为全体蒙古的可汗，他所管辖的蒙古人达一百土绵（万）以上。在屯必乃薛禅和合不勒可汗时代，蒙古部族的势力超过了塔塔儿、客烈亦惕、乃蛮等各强大部族的势力。当时，蒙古统称"呼和忙豁勒"（青色蒙古），即《黑鞑事略》所云之"黑鞑之国号'大蒙古'"。

蒙古秘史

〉也速该把阿秃儿〈

也速该把阿秃儿，蒙古尼鲁温（主干之意）部首领。孛儿只斤氏，名也速该。成吉思汗的父亲。勇敢且有智谋，号把阿秃儿（勇士）。12世纪初，其祖父合不勒可汗统一蒙古尼鲁温各部。他继其叔父忽图剌可汗成为尼鲁温蒙古之首领。曾击败篾儿乞惕人。公元1162年，征塔塔儿人，俘二人，其中一名叫帖木真。适其妻生子，遂为子取名帖木真，即成吉思汗。也速该后被塔塔儿人毒死。

儿有四个儿子，他们是：忙格秃乞颜、捏坤太石、也速该把阿秃儿和答里台斡惕赤斤。忽秃黑秃蒙古儿的儿子是不里孛阔。在斡难河边的宴会上，砍伤成吉思汗的弟弟别勒古台肩胛骨的就是此人。

忽图剌可汗的三个儿子是：拙赤、吉儿马兀和阿勒坛。忽阑把阿秃儿的儿子是也客扯连。巴歹、乞失里黑二人在成吉思汗时期做过管理工匠的长官。合答安、脱朵延二人无后而香火未续。

那时，由合不勒可汗统治着蒙古各部。合不勒可汗虽有七个儿子，却选定想昆必勒格之子俺巴孩为蒙古可汗。

兀儿失温河连接着贝尔湖和阔涟湖。这里居住着阿亦里兀惕、备鲁兀惕等塔塔儿百姓。俺巴孩

·牡丹纹鎏金铜马鞍具·

· 系链水晶杯 ·

将女儿嫁与塔塔儿人，并亲自送去。塔塔儿人趁机将他捉住后交给了金国的阿勒坦罕（金国之主之意）。俺巴孩追悔莫及，即派别速惕氏巴剌合赤回去，并嘱咐道："告诉合不勒可汗之子忽图剌和我的孩子合答安太石：身为国君人主，不应亲送女儿出嫁，要以我为戒。我

〉贝尔湖、阔涟湖〈

　　贝尔湖、阔涟湖，即今内蒙古呼伦贝尔市贝尔湖和呼伦湖。辽、金时期，塔塔儿人游牧的地方。塔塔儿部又译达达、答答、达靼、答答剌、塔达等。有学者认为，该部是由《隋书》《北史》和《唐书》中记载的大室韦发展而来的。塔塔儿曾是拥有七万户的强大部族。下有：秃秃黑里兀惕、阿勒赤、察罕、奎因、帖列惕、不鲁恢等六个部。其中，秃秃黑里兀惕部在塔塔儿诸部中"最受尊敬"。金代受女真族的统治，经常与金征战，西北与蒙古部结世仇。金章宗命丞相完颜襄袭击塔塔儿部，蒙古与客列亦惕部也出兵支援，人口、牲畜多被掳去，后与札木合联盟，多次与蒙古部作战。公元1202年，被成吉思汗征服，青年男子多被屠杀，塔塔儿部灭亡。

已被塔塔儿人擒获，你们一定要报这个仇。直到磨尽指甲，十指流血！"

此间，也速该把阿秃儿在打猎途中遇见了自斡勒忽讷兀惕氏娶妻而来的也客赤列都。也速该窥见其女美丽无比，便回家伙同其兄捏坤太石、其弟答里台斡惕赤斤二人赶来。

也客赤列都见势不妙，便抽着黄马向山坡快速逃去。见三人追来，他加速绕过山头后又回到了马车旁。坐在车上的诃额仑劝他说："你可看出他们仨的来意？他们的行貌可疑，要害你性命！快逃吧，只要保有性

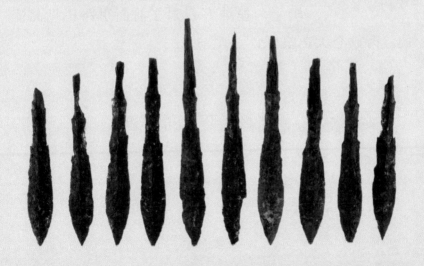

· 铁镞 ·

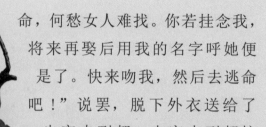

·铜鎏金菩萨·

命，何愁女人难找。你若挂念我，将来再娶后用我的名字呼她便是了。快来吻我，然后去逃命吧！"说罢，脱下外衣送给了也客赤列都。也客赤列都接过外衣后发现那三人已绕过山头急追而来。也客赤列都急忙抽着黄马朝斡难河上游逃去。

也速该兄弟三人继续追赶。他们将也客赤列都追出七座山冈后才折回来带诃额仑回家，路上也速该牵着车缰绳，答里台傍着车辕走，捏坤太石则在前面引路。见此情景，诃额仑大声哀呼：

"我的丈夫赤列都啊

在吹乱乌发的野风中

在漫漫无际的荒野里

你将如何熬过

那身单影只饥肠辘辘的日子啊

如今的我

长发两辫前后分

此苦此难怎度过？"

诃额仑哭得伤心欲绝，震撼山野。听罢，走在车旁的答里台劝说道：

〉诃额仑〈

成吉思汗的母亲诃额仑是蒙古民族心目中的圣母。自也速该被毒害后，她虽然经历了从尼鲁温蒙古部分离的痛苦，但为蒙古民族养育出令世人敬仰的千年伟人成吉思汗。在蒙古族近现代文学中有多篇颂扬她的诗文。

"搂抱你的汉子
已越过重重山岭远去
挂念你的男人
已涉过道道河水远去
任你如何哭叫
再也不能回来
荒野山岭重重
归来之路难寻……

闭嘴吧！"这样，也速该把诃额仑带回家，当作了自己

·夫妻对坐图（壁画）·

的妻子。这便是也速该娶来诃额仑的经过。

根据俺巴孩被捉时的提名，蒙古各部和泰亦赤兀惕人在斡难河谷聚会，推立忽图剌为蒙古部可汗。蒙古人好以歌舞、酒宴欢庆。推立忽图剌后，与会众人在河边川地的一棵大树下欢宴，舞得天旋地转，跳得地动山摇。

忽图剌即位后，便与合答安太石一起讨伐塔塔儿人。他们虽与塔塔儿的阔湍巴剌合、札里不花二人开战十三次，但未能报俺巴孩被害之仇。

·彩绘架鹰木俑·

> 翁吉剌歹 <

翁吉剌歹，也写晃吉剌、雍吉烈、雍吉剌、弘吉烈、翁吉剌惕等。是当时游牧在今内蒙古呼伦贝尔市额尔古纳河、呼伦湖、贝尔湖以东地区的部落。该部由亦乞列思、斡勒忽讷兀惕、哈剌纳兀惕、豁剌思、燕只斤等分支组成。成吉思汗的第一夫人孛儿帖便是该部斡勒忽讷惕人德薛禅之女。后该部曾参与札木合的联盟，再后投降成吉思汗。该部属"迭儿列勤蒙古"（一般蒙古人）。从孛儿帖起，翁吉剌歹部与蒙古皇帝有了传统的婚姻关系。

正当参加复仇之战的也速该从战场上擒回帖木真兀格、豁里不花等塔塔儿人时，夫人诃额仑在名为迭里温孛勒答黑的地方生下了成吉思汗。出生时，成吉思汗右手握着一块大如髀石的血块。因恰在擒来帖木真兀格时

> 乞牙惕 〈

乞牙惕即乞颜的复数。来自蒙古起源的传说，后被神化，成为全体蒙古族祭拜的神灵。自1206年，成吉思汗建九斿白纛祭奉以来，九斿白纛便成了象征蒙古民族的守护神灵，每年均有祭典，奉祀不绝。随着蒙古文化的不断发展，后人赋予它的精神内涵越来越丰富。蒙古族人民已将它塑造成了勇敢无畏、团结奋发的民族精神的物化象征。

出生，故起名为帖木真。

也速该的妻子诃额仑为也速该生下了帖木真、合撒儿、合赤温、帖木格四个儿子和一个名为帖木仑的女儿。

帖木真九岁时，合撒儿七岁，合赤温五岁，帖木格三岁，而帖木仑正在摇篮里。

帖木真九岁时，也速该就带他前往母舅亲斡勒忽讷惕人住地说亲。当走到扯克彻儿山、赤忽儿古山间时遇见了翁吉剌歹氏人德薛禅。

德薛禅："也速该亲家要到哪里去？"

也速该："到斡勒忽讷惕百姓处，去给儿子说亲！"

德薛禅："你这儿子可是个目中有火，面上有光的孩子啊！也速该亲家呀，昨夜我做了个梦。梦见一只白海青抓着日月落在我的手上。日月乃是用

· 琉璃螭首 ·

眼观望之物，可那白海青则抓着它落到了我的手上。
我曾对人讲过，不知此梦是什么吉兆？如今，你领着
儿子来到了这里，我的梦便有了答案啊！原来是你乞
牙惕的神灵来预告我的哟。"德薛禅接着说道：

"我们翁吉剌惕百姓自古如此：

从不袭扰外族他乡
我们翁吉剌惕人
赶着黑骆驼驾的车子
载着貌如鲜花的姑娘
送给那众人敬仰的可汗！
不与他人相纷争
我们翁吉剌惕人

赶着白骆驼
驾的车子，
载着月亮般
纯洁的姑娘
送给那身
居高位的可汗！
我们翁吉剌惕
自古美女多。
所以，我们一
直以外甥之
貌、女儿之
色生活。男人生
来守营地，女儿则要出嫁

·伽陵频伽金帽顶·

到他乡。也速该亲家，我有一小女，请到家里看看！"说罢，领着也速该朝家走去。

也速该前去一看，他的女儿果然貌美秀丽。名为孛儿帖，长帖木真一岁，是年正好十岁。也速该看孛儿帖较为合意，便于第二天向德薛禅提起了亲事。听罢，德薛禅说："虽然，多次求婚才答应则显尊贵，刚一求婚便答应，而予之则轻贱，但女儿之命必在他家，将我女儿许配给你的儿子吧。请把你儿子留在我家便是了。"

也速该说："我把儿子留下。我儿自幼怕狗，请不要让狗惊吓着我儿。"说罢，便把牵来之马当作聘礼送给德薛禅，留下儿子回家去了。

也速该途经扯克扯儿草地时遇到了正在欢宴的塔塔儿人，并因口渴难耐下马走去。塔塔

·凤鸟形玉冠饰·

M G M S

儿人认出了也速该，边说"尊贵的也速该来了"，边把他安排到了宴席上。塔塔儿人念起旧仇，密谋一阵后，就把毒药放进了也速该的碗里。也速该走出后不久便觉恶心不适，苦行三日勉强回到家中。

"我身体里难受，谁在我近旁？"也速该得知晃豁塔歹氏察剌合老人之子蒙力克在其旁边后，说道："我弟蒙力克听着，孩儿们都还幼小，我在为帖木真定亲返回的途中被塔塔儿人毒害。现在我极为难受，你要好好照顾将成孤儿的孩儿们和将要守寡的嫂子！请速去接回帖木真！"说罢撒手人寰。

卷二

蒙力克遵照也速该的遗言，前去接回帖木真。蒙力克对德薛禅说："也速该兄非常想念儿子帖木真，今派我来接他回去。"

"既然亲家想念，那就接他回去吧。但要尽快送回来哟！"经德薛禅同意，蒙力克便将帖木真接回了家。

那年春天，俺巴孩可汗的遗孀斡儿伯、莎合台二人前往

·烹饪图（壁画）·

〉孤儿寡母〈

也速该去世后，泰亦赤兀部首领塔儿忽台乞邻勒秃黑更加嚣张，为争夺汗位，处处排挤帖木真母子。祭祀祖先时不通知他们，诃额仑赶去参加，但不分给食物，以表示不承认他们是贵族，实际上已把他们开除出贵族行列。

祭祀祖先之地，举行祭祖仪式。诃额仑因迟到，未能分得祭品食物。诃额仑深感不满，便对斡儿伯、莎合台说："以为也速该死了，孤儿寡母无能，连祭品食物都不分给我们了？见当不见，起营时也不打招呼了！"

斡儿伯、莎合台毫不相让，愤愤地说道：

"没有请来相分的道理

只有前来享用的权利。

没有送去供用的道理

只有赶来分享的权利。

可悲呀！俺巴孩可汗死后，我们竟听到了如此不恭的话！赶紧起营离开他们吧，让他们留在这里！"二人怒斥诃额仑，并提出丢下他们迁走。

第二天，泰亦赤兀惕氏塔儿忽台乞邻勒秃黑、脱朵延吉儿帖便撇下诃额仑母子迁离斡难河下游。晃豁塔歹氏察剌合老人见状难忍，前去劝阻。

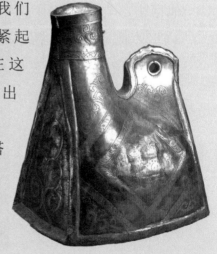

· 鎏金卧鹿纹银鸡冠壶 ·

·石雕力士像·

"深水已涸，明石已碎！"脱朵延吉儿帖不仅不理睬，还向察剌合老人的脊背上刺了一枪，说："叫你劝阻！"

察剌合老人受伤回家后，帖木真前去探望。"当你贤父属民散去时，我前去劝阻，被他们扎伤了。"老人话音刚落，帖木真满含泪水地走了出去。闻此消息，诃额仑跨上马背，举起缨枪，去追散去的部众。经诃额仑努力，虽有部分百姓回到了营地，但不久又纷纷离开，投奔泰亦赤兀惕而去。

至此，泰亦赤兀惕兄弟无情地将诃额仑孤儿寡母抛弃在了旧营盘里。

贤能机智的诃额仑夫人
穿起长袍系紧了带
腰上别着长袍的前襟
沿着斡难河上下奔波
拾来野果野菜

> 诃额仑夫人养育的孩子 〈

帖木真母子失去贵族资格后，便成为连普通百姓都不如的穷人。母寡子弱，连正常生活都难以维持。但是，诃额仑母亲以坚强的毅力养活了孩子们。成吉思汗的安答札木合认为，母亲的协助和教导是成吉思汗成功的最大因素。

·彩绘毡帐车 陶俑·

艰辛养育己儿女

度日如年艰又难！

贤能美丽的诃额仑夫人

手握铁器和弯钩

穿行沟壑无阻拦

挖来野菜满屋香

养育儿女快成长！

贤能坚强的诃额仑那

用野果喂养的孩子

出类拔萃地成长起来！

贤达美丽的诃额仑那

用野菜喂养的孩子

气色不凡地壮实起来！

诃额仑夫人养育的孩子

个个长成英雄模样

英雄的孩儿报母恩

端坐河边钓鱼儿

钓来鱼儿养母亲！

诃额仑夫人养育的孩子

个个长成俊杰的模样

俊杰的孩儿报母恩

跃入河中捕鱼儿

捕来鱼儿养母亲！

一天，帖木真、合撒儿、别克帖儿、别勒古台四人钓得一条鲱鱼时，别克帖儿、别勒古台硬是抢了过去。回家后，帖木真、合撒儿向母亲告发说："别克帖儿、别勒古台抢走了一条上钩的鲱鱼。"诃额仑听罢深情地说道："你们同为也速该的儿子，为何那般争吵呢？应该明白，如今我们举目无亲，形单影孤，这样下去如何向泰亦赤兀惕人报仇呢？为何又像阿阑豁阿母亲的五个孩子一样相互不和了呢？你们可不能那样呵！"

· 银鋈金马鞍、铁马镫 ·

帖木真有三个弟弟：合撒儿、合赤温、帖木格斡惕赤斤，还有一个妹妹帖木仑。别克帖儿和别勒古台是他的同父异母弟。合赤温和别克帖儿早亡，其余都是成吉思汗霸业中的中坚人物。

帖木真、合撒儿毫不听劝，"昨天抢了一只鸟，今天又把鱼抢走了。这般下去怎能共同生活？"说罢起身而去，门被摔得嘎嘎作响。

此时，放马的别克帖儿正坐在土丘上休息。他见拿着弓箭的帖木真、合撒儿一前一后包抄过来，便说："泰亦赤兀惕兄弟欺辱我们的仇尚未报，你们为何把我当成眼中钉，肉中刺？已是举目无亲，形单影孤，为何还要这样呵？你们不要毁了炉灶，害了别勒古台！"说毕，端正了坐式，

·蒙古毡帐车图·

· 蒙古大帐图 ·

任由帖木真、合撒儿射杀。

当帖木真与合撒儿迈入家门时，诃额仑从他们的脸上看出了一切，便怒骂道：

"害尽骨肉的你

吃尽同伴的你

从我热腹中出生时

握有一块凝血的你

如同

撕扯肋骨的黑狗

如同

冲向悬崖的凶鹰

如同

愤怒暴跳的雄狮

如同

活吞生灵的莽魔

如同

自冲其影的猛禽

如同

凶猛残暴的野兽

又如

咬断羔驼脚跟的公驼

雨天猛扑羊群的饿狼！

又如

捕食幼子血肉的暴鹘

袭击邻里异群的豺狗！

你这如狼如虎又如猛禽的孩子呀，我等影子之外无同伴，尾巴之外无甩鞭，为报泰亦赤兀惕欺辱我们之仇而愁思之时为何干出这等事来？！"诃额仑夫人恼怒之极，引用古训加家训训斥了两个孩子一顿。

过后不久，泰亦赤兀惕人歹念又起，认为诃额仑的孩子们已经长大，该去打击了，便组织人马奔袭而来。

· 彩绘陶车马俑 ·

惊恐的诃额仑带着孩儿们躲进了山林。别勒古台折来树木做成了栅栏，合撒儿与泰亦赤兀惕人对射着将合赤温、帖木格、帖木仑隐藏到了山谷中。泰亦赤兀惕人边追边喊："交出帖木真来，别的人都不要！"听到此话，他们便让帖木真向密林深处逃去。泰亦赤兀惕人紧追不合，帖木真急忙钻进了高山密林。泰亦赤兀惕人未能穿入林中，无奈之下包围了密林在四周看守着。

·黄釉温碗 葫芦形执壶·

帖木真在密林里匿避了三昼夜。当他欲要走出密林，牵马前行时马鞍突然脱落了。回头一看，攀胸、肚带依然系着，鞍子却落到了地上。

"虽然肚带可以脱落，但系着攀胸的鞍子怎能脱落呢？莫非是上天阻止我出去？"帖木真又匿避了三天。当他再度出去时，一块人如帐房的巨石挡住了走出的路。"莫非是上天的暗示？"帖木真回到原处又呆了三天。连续九天粒米未进的帖木真再也无力坚持，心想："如此默默地死去，还不如出去的好！"便用刀子砍出一条绕过巨石的路，牵着马儿走了出去。他一出密林即被泰亦赤兀惕人抓去了。

塔儿忽台将捉去的帖木真惩治一番后交给属下百姓轮流看管。入夏首月十六日晴空灿烂，这天泰亦赤兀惕人欢宴于斡难河之岸，直到日落时才散去。宴间，他们把帖木真交给一个弱童看守。宴散人去后，帖木真用手上的枷锁击倒看守，跑进斡难河边的树林里藏了起来。后又怕被发现，便跳进一处水潭躺了下去，只把脸露出了水面。

·弓箭·

"被抓的人跑了！"看守苏醒后惊叫起来。闻声，散去的泰亦赤兀惕人又聚拢过来，在明亮的月光下向斡难河边树林搜去。此间，速勒都孙的锁儿罕失剌正要过水潭时看见了仰面而卧的帖木真，便说："水不留痕，天不留迹！你这般躺着很对。正因你有这样的智谋，且又目光炯炯，灵光满面，所以，泰亦赤兀惕人才如此妒害你呀！就这般躺着吧，我不会告发你。"说完便走了过去。泰亦赤兀惕人商量接下来搜寻的办法，锁儿罕失剌说："咱回头循着各自的来

〉速勒都孙〈

速勒都孙是泰亦赤兀惕部的一个家族，锁儿罕失剌在部族中的地位很普通。他因救过少年成吉思汗的性命，后甚得成吉思汗的敬重。成吉思汗统一蒙古，建立蒙古帝国后，不仅封锁儿罕失剌为千户，又赐他"九罪而不究"之赏。

〉沉白、赤剌温〈

锁儿罕失剌的两个儿子沉白、赤剌温，自少对成吉思汗友好，这也许就是长生天的安排。在后来，他们都为成吉思汗统一蒙古之大业立过赫赫战功，均被封为千户官。赤剌温更是名震蒙古高原的成吉思汗四杰之一。

路及周围再搜查一遍吧！"众人听罢，齐声同意，便循着各自的来路寻查而去。原路返回的锁儿罕失剌从帖木真身边经过时勉励道："泰亦赤兀惕兄弟正咬牙切齿地找你，你就这样躺着，一定要坚持住！"

没找到帖木真，泰亦赤兀惕人又商议再行搜查的方法。锁儿罕失剌说："咱这些泰亦赤兀惕后人，光天化日之下都没能把人看住，在这黑灯瞎火的夜里还能找得见吗？我们还是循着原路再搜一遍，然后回家，明日再集中搜寻吧。他一个戴着枷锁的人能跑到哪里去？"众人觉得有理，便纷纷返回原路去寻找。

锁儿罕失剌又到帖木真跟前，提醒道："搜过这遍后，我们就回家了，决定明天再来搜查。待我们散去后，赶紧去找你的母亲和弟弟们。如遇别人，不要说我见过你。"

待他们散去后，帖木真心想：前几日他们让我轮帐住宿。轮到

· 铁锈花小口罐 ·

锁儿罕失剌帐房时，他的两个儿子沉白、赤剌温不仅同情我，睡觉时还给我卸去手上的枷锁。现在锁儿罕失剌又发现我而未去告发。由此看来，他们也许会救我！于是，帖木真朝着斡难河边锁儿罕失剌家直奔而去。

锁儿罕失剌家与众不同的特点是彻夜不停地调制奶食。帖木真根据这一记忆，循着捣奶时发出的声响，找到了锁儿罕失剌家。

·云纹鎏金铜马具·

"不是让你去找你的母亲和弟弟们吗？怎么到我这里来了！"锁儿罕失剌很是惊怵。可他那沉白、赤剌温二子却不以为然："被鹰追袭的小鸟如果躲进树丛，树丛会护救小鸟的。如今人家投奔我们来了，怎能说这样的话呢！"他们一边埋怨父亲，一边砸下帖木真手上的枷锁，然后把他推进装满羊毛的小篷车里。并派他们的妹妹合答安收拾好羊毛车，还跟她说："不得告诉他人。"

一个戴着枷锁的人能跑到哪里去呢？第三天时，泰亦赤兀惕人疑惑起来。"莫非我们的人把他藏起来了？搜查一下营内各户人家！"于是，开始搜查营内各户。搜到锁儿罕失剌家，翻箱倒柜、床铺上下找完之后，又走到后院羊毛车旁。当掏出口子上的羊毛，帖木真的脚尖就要露出来的一刹那，锁儿罕失剌大声说道："天气如此酷热，活人能在羊毛堆里待得住吗？"

〉逐水草而居〈

"逐水草而居"是包括蒙古民族在内的游牧民族基本生存方式，所以，蒙古各部先世常与河流发生密不可分的依存关系。据记载，乃蛮有两个夏营地和三个冬营地，客列亦惕部王罕有三个夏营地和八个冬营地。按季节放牧是常年放牧过程中总结出的经验，故冬营地、春营地、夏营地、秋营地是由此划分出来的。对日常生活中不断迁徙的蒙古人来说，在战乱时期不停地变换其营地是可想而知的。

众人听罢觉得有道理，便跳下车，搜查下一户人家去了。

·绣花夹衫·

等待搜寻者走远之后，锁儿罕失剌对帖木真说："你险些毁了我的家呀！这就找你的母亲和弟弟们去吧。"并让帖木真骑上自家的口白马，带上羔羊熟肉后，又给他带了一张弓两支箭，便急匆匆送他上了路。

帖木真离开锁儿罕失剌家，来到曾用篱笆围过的旧营地后，再顺着草丛中的车辙，逆斡难河而上走到了潺潺东流的乞沐儿合溪边。从乞沐儿合溪边又逆行至别迭儿山嘴的豁儿出恢小山时遇见了母亲和弟弟们。

母子相聚后，他们便搬到不儿罕山前桑沽儿溪边的一处湖水旁扎下营帐，过起了捕食獭儿、野鼠的生活。

一天，劫匪从帖木真家旁掠走了他们的八匹马。别无它马可骑的帖木真，只好让匪贼们赶着马群扬长而去。当天，别勒古台骑着秃尾黄马出去打猎，傍晚时将猎杀的旱獭驮在马背上，自己牵着马儿走了回来。"我家八匹马被劫匪掠走了。"别勒古台一听这话，急忙说："我去追！"

"你追不回来，还是我去追吧！"在旁的合撒儿劝他弟弟道。

见此情景，帖木真

· 龙纹鎏金铜马具 ·

蒙古秘史

说："你们都追不回来的，还是我去追为好。"说罢，跨上秃尾黄马急驰而去。他顺着八骏踏出的蹄痕追赶了三天三夜，一天早上碰见了一个在马群旁挤马奶的少年。寒暄后，帖木真向他打探八匹马的下落。那少年说："今早日出前有人赶着八匹马经过这里。我去指给你！"便放走帖木真的秃尾黄马，给他骑上了自家的黑脊白马。然后，他没向家里打招呼，找一处阴凉地放好奶桶后跨上了自己的淡黄快马。"看来，你正在遭难。男人的苦难是一样的，我来做你的朋友吧！我的父亲叫纳忽伯颜（富足之人），我是他的独生子，名孛斡儿出。"孛斡儿出边说，边与帖木真并肩出发了。二人追踪八骏的蹄迹走过三天三夜后，在太阳将要落山时来到一群百姓营地

·绿釉堆塑蜥蜴纹鸡冠壶·

> 孛斡儿出 <

　　阿儿剌氏纳忽伯颜的儿子孛斡儿出是成吉思汗遭难之际结交的朋友。又译博尔术、博儿术等。他因为成吉思汗大业立下汗马功劳，曾被封为第二千户，1206年被封为万户。孛斡儿出意志沉雄，善战知兵，深得成吉思汗信赖。后老死。少年成吉思汗幸遇孛斡儿出，恰似长生天的安排，适时而又突然。

·白玉熊·

旁，并在营帐附近发现了正在吃草的八匹马。"好朋友，你在这里等我，我看见自己的马了，去把它赶过来。"帖木真话音刚落，孛斡儿出当即表示反对，说："我是来做你朋友的，怎能待在这里？"于是二人飞奔过去，赶着八匹马离开了这里。

营帐里的人发现后陆陆续续追了过来。一个骑着白马，手拿套马杆的人眼看就要追上来了。孛斡儿出忙说："快把弓箭给我，我来射他。"帖木真不肯，"怎能让你替我吃亏，还是我来射他"，边说，边拿起弓箭射击起来。那骑白马的追赶者被射得无法前行，只好挥着套马杆远远地落在了后边。不久，其他追赶者虽然赶了过来，但因天色已晚，他们无奈地看着帖木真他们慢慢远去。

帖木真、孛斡儿出二人赶着八骏

> 八骏 〈

当初，少年成吉思汗家被抢去的八匹马全是骟马，可作骑乘或战马之用。这也是当初成吉思汗家的基本财产。这八匹马在蒙古人的心目中有崇高的地位，后随着蒙古文化艺术的发展，出现了画家们创作的八骏图。目前，八骏图已成为极受欢迎的文化产品。

彻夜急行，第三天时走到了孛斡儿出家附近。帖木真便对孛斡儿出说："你帮我把八骏赶回来了，说吧，你要几匹？"孛斡儿出当即拒绝，他说："好朋友，我是见你很辛苦，才自愿做你朋友的。并没想分到什么！我是富足之人纳忽伯颜的独生子，父亲的积蓄足够我享用一辈子！"

当二人走进纳忽伯颜家时，正为儿子失踪而焦急万分的纳忽又气又喜地说："告诉我，儿子，究竟出了什么事？"孛斡儿出说："见这位朋友为寻找丢失的马而奔波，便同他走了一趟。现在回来了！"说罢，急忙去把放在野外的奶桶拿了回来。他们给帖木真准备了肥羔羊肉和饮水，并嘱咐道："你二人今后要好好交往，不要相互舍弃。"帖木真自那上路后又走了三天三夜才回到了桑沽儿溪边的家。见帖木真归来，诃额仑母亲、合撒儿弟弟等都很高兴。

当帖木真九岁时，与德薛禅的女儿孛儿帖定亲，此后二人再未相见。时下，帖木真、别勒古台决定前去寻找孛儿帖，便直奔客鲁

· 鸣镝 ·

涟河下游而去。仍在扯克彻儿山、赤忽儿忽山一带游牧的翁吉剌惕氏德薛禅见到帖木真兄弟二人十分欣慰，便说："我知道，泰亦赤兀惕兄弟一直在妒害你，所以特别担心。现在见到你也就放心了。"便将女儿孛儿帖嫁给了帖木真。

　　帖木真带着新婚妻子孛儿帖启程回家。德薛禅把他们送到客鲁涟河岸一个叫兀剌黑啜勒的地方后返回了家。孛儿帖的母亲搠坛却一直把女儿送到了帖木真家的住

· 钧窑香炉 ·

地——桑沽儿溪边。

　　搠坛返回之后，帖木真便派别勒古台邀请孛斡儿出前来结友。一见别勒古台，孛斡儿出急得未向父亲打声招呼，即骑上拱背黄马，带上青毛毯，来到了帖木真这里。这便是孛斡儿出与帖木真结为兄弟的由来。

　　帖木真一家从桑沽儿溪边迁到客鲁涟河源头不儿吉岸居住。一日，帖木真、合撒儿、别勒古台三人拿着搠坛母亲送她女儿孛儿帖的黑色貂皮斗篷，前去拜见父亲也速该的生前好友王罕。"父亲的朋友，就应同我们的父亲！"帖木真们如此企盼着，不久便找到了正在土兀刺河岸密林里营居的王罕。"您是我父亲昔日的朋友，就如同我的父亲一样。如今，我娶了媳妇，特来送您一件貂皮斗篷，以示孝敬。"帖木真边说边将礼物敬献上去。王罕甚喜，便说：

"为回报你貂皮斗篷的情意

我为你收复那

四处离去的散民！

为回报你貂皮斗篷的孝心

我为你重振那

支离破碎的家园！

让那肾置其腰间

让那瘼置其腔间！"

　　有一天，兀良合歹氏札儿赤兀歹老人背着鼓风囊，领着儿子者勒篾来到

> 〉兀良合歹〈

　　兀良合歹是兀良合的复数。据说该部出自蒙古起源传说中的捏古思部。当时分布在斡难河上游肯特山一带。《蒙古秘史》在开头称，其中一个氏族原是不儿罕山的主人，后被征服，成了世袭奴隶。该部人者勒篾、速别额台等相继归附成吉思汗，成了开国大将。

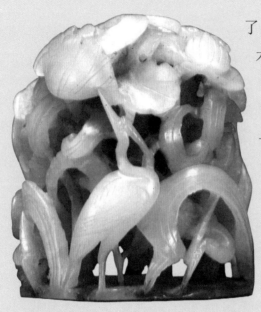

·镂雕荷鹭青玉帽顶·

了正在不儿吉岸牧居的帖木真家。老人对帖木真说："当你在斡难河畔出生时，我给你送了一件貂皮褡裤，同时也把儿子者勒篾交给了你。考虑到他还幼小，所以带回家中养育。如今，他长大了，你让我儿者勒篾出门时备马鞍，进门时掀门帘，让他随身服侍你吧！"老人这般将儿子交给了帖木真。

帖木真家仍在不儿吉岸牧居。一天拂晓时诃额仑母亲家使唤的老妇豁阿黑臣听到了震天动地的马蹄声，便急忙跑进帐里说："母亲、母亲，快快起来！马蹄声正在震天动地，泰亦赤兀惕人可能又来袭扰我们了。"

诃额仑母亲边起床，边令侍妪叫醒孩儿们。帖木真他们猛然被叫起床，并抓来了各自的马

> 铁器 <

蒙古地区早在匈奴时代就使用并制造铁器。金朝时期，统治者曾对蒙古实行禁铁政策。《蒙古秘史》中有很多关于铁器之说，如"鱼钩""刀子"，剪羊毛的"剪子"，"锛""斧""锯""铁车"等等。这足以说明，当时的锻铁业已经是很发达了。

匹。帖木真、诃额仑、合撒儿等每人骑上了一匹马，年幼的帖木仑被母亲抱在怀中，又将急需品驮在另一匹马上出发了。如此下来，夫人孛儿帖却没有可乘之骑了。

帖木真及兄弟们向不儿罕山急速行去。留在家中的女佣人豁阿黑臣将夫人孛儿帖藏进坚固的帐车里，套上腰花牛，驾车逃向统格黎溪上游。天亮后，一群兵士从对面驰来，厉声问道："你是什么人？"豁阿黑臣说："我是帖木真家属民，来主家剪羊毛的。现将分得的羊毛拉回家去。""那帖木真在家吗？他家在哪里？"兵士们接着问。豁阿黑臣回答道："他家离这儿不远，不知帖木真是否在家。我是从他家后院出来的。"

兵士们急驰而去。豁阿黑臣心急火燎，猛抽腰花牛想要赶紧走开，可不幸的是车轴却"咔嚓"一声断了。无奈之下，二人欲向密林深处逃跑时，那些兵士们抓获别勒古台的母亲后又折了回来。他们让她叠骑在马上，双脚下垂，任其挣扎。

· 白釉黑花葫芦瓶 ·

MGMS

·金佛像·

"车里装的是什么？"追来者问。豁阿黑臣："装的是羊毛。""兄弟们下去查看一下！"其中一年长者说道。众人应声下马，前去拉开帐车门，发现了躲在车里的孛儿帖夫人。他们将孛儿帖拉出车后与豁阿黑臣一起驮到了马背上，就循踪向不儿罕山追赶帖木真去了。

他们追踪到不儿罕山后绕山搜寻三遍，但未能找到帖木真。他们并不甘心，决定进山细查。可没走多远，却被无底泥潭和饱蛇都难以钻行的密林挡住了去路。这样，他们袭击帖木真们的目的无奈地落空了。这伙来袭者不是别人，正是昔日被也速该抢去新娘的篾儿乞惕人。他们分别是兀都亦惕篾儿乞惕之脱黑脱阿、兀洼思篾儿乞惕之答亦儿兀孙、合阿惕篾儿乞惕之合阿台答儿

〉篾儿乞惕〈

篾儿乞惕是当时雄据漠北地区的强大部族。驻牧于今蒙古国鄂尔浑河、色楞格河流域，东南至不儿罕山。学者认为篾儿乞惕是蒙古人，更有学者将其列入了蒙古七十二种之列。蒙古部因成吉思汗父亲也速该抢娶了篾儿乞惕部人赤列都新娘诃额仑而与该部结下怨仇。

麻刺等三伙人。他们三伙人是为报赤列都新娘诃额仑被抢之仇而来的。未能报仇的他们自相商量道："此来，为的是报诃额仑被抢之仇。今却抢到了他们的妻媳，也算仇已报了。"便掉转马头，归家而去。

　　篾儿乞惕人把抢去的字儿帖夫人交给了赤列都的弟弟赤勒格儿。躲在山中的帖木真对此一无所知。为了解来袭者的去向，帖木真将别勒古台、字斡儿出、者勒篾三人叫到身边，说："不知篾儿乞惕人撤走了，还是埋伏在山下？你们仨跟踪三天三夜了解个清楚！"派他们下山后，帖木真独自走到不儿罕山，捶着胸脯虔诚地说道：

全凭豁阿黑臣那
金鼠般敏锐的听力
逃过了仇敌的袭击！
全凭豁阿黑臣那
银鼠般超凡的视力
躲过了恶魔的袭击！
跟着野鹿的蹄迹
踏过崎岖的山路
住着柳条小屋
保住了性命啊不儿罕山！
当仇敌袭来的时候
如遇鹰鹫的鸟雀
顺着野鹿的蹄迹

· 灰陶俑 ·

穿过险恶的小径
跑进了不儿罕山的怀抱
盖起柳条的小屋
保住了热血的性命！
不儿罕山啊
你用密麻的树林
庇护了我弱小的生命
使我这如虱的身躯
未受伤害！
护救我们于仇敌之手
保佑我们躲过劫难的
高昂尊贵的不儿罕山啊
为感激你如天的恩德
我将天天祭你月月祭你
世代相传地祭拜你！"

·三彩龙纹兽纽熏炉·

　　说完，即把腰带挂到脖颈，一只手持着帽子，一只手放到胸口，向着不儿罕山行了九跪九拜之礼。

〉九跪九拜〈

　　在自然数字中，蒙古人对"九"格外重视。认为，数字始于一，终于九，然后位数递进、循环不已，趋于无限之大。所以，"九"在北方许多民族中，象征着最庞大、最高贵、最富足、最崇敬。故有"九拜礼""九斿纛""九九之贡""九罪不罚"等。

卷三

　　苦难中的帖木真与弟弟合撒儿、别勒古台前往土兀剌河林地，请求王罕出来相救："趁我不备，篾儿乞惕人突来袭击，并掳去了我的妻子。今望父罕出兵

·克鲁伦河·

解救！"王罕听罢，立即答道："去年，当你送来貂皮斗篷时，我曾许下过诺言。现在我来兑现那个诺言！

为回报你貂皮斗篷的情意
我将
灭尽那可恶的篾儿乞惕人
救出你夫人孛儿帖！
为回报你貂皮斗篷的情意
我将

> 苦难中的帖木真 〈

重振家族，统一蒙古的战争就这样悄悄地拉开了序幕。只不过它是以夺回妻子的名义开始的。如果说，此前的成吉思汗以躲避苦难，死里逃生，备受欺辱为主要经历的话，从此开始他却一步一步地踏上了成就霸业的征程。在这里，他面对势力强大的篾儿乞惕人，巧妙地动员起了另外两支强大力量，成功地导演了不兀剌川之战。

· 蒙古军征战图（波斯细密画）·

剿灭那可憎的篾儿乞惕人

救出你夫人孛儿帖！"

王罕并让帖木真转告札木合："札木合弟在豁儿豁纳黑川居住。从这里，我带两万兵勇出发，做右翼，请札木合弟带两万兵勇配合。相约会师的日期、地点，由札木合弟弟来定。"

帖木真谢别王罕回到家后，马上派合撒儿、别勒古台两位弟弟前往札木合的住地，捎话说：

"仇人篾儿乞惕突来袭击

刺痛了我的心扉

掳走了我的妻子。

可做我后盾依靠的

同族兄弟的你们啊

· 铁战刀 ·

〉札木合 〈

　　札木合是蒙古札答阑部酋长。幼年时曾与少年成吉思汗结为安答（义兄弟），并与王罕一起支持成吉思汗恢复旧部，击败篾儿乞惕部。公元 1189 年，成吉思汗被推举为可汗之后，札木合与成吉思汗的关系开始恶化。公元 1190 年，札木合集泰亦赤兀惕等十三部三万人进攻成吉思汗，成吉思汗也以诸部三万人分作十三翼迎战于答阑巴勒主惕，史称十三翼之战。公元 1201 年，塔塔儿、泰亦赤兀惕等十一部推举札木合为古儿罕。不久，被成吉思汗击败，逃奔客列亦惕、乃蛮等部。后其亲兵俘送成吉思汗，成吉思汗交其侄阿勒赤台处死。

替我报一下仇吧！

今我伤心欲绝

请你替我报那

妻子被掳之仇吧！"

合撒儿等又把客列亦惕首领王罕答应出兵两万做右翼，并请札木合出兵两万做左翼的计划和请札木合决定会师之约的意图等如实转告了札木合。

札木合听罢这些情况，说道：

"今知帖木真兄弟

身受此般苦难

我心痛之极

我愤然之极！

· 双羊五轮金饰牌 ·

·宽檐铁盔·

此仇此恨孰可忍之
誓将灭掉篾儿乞惕
抢回我友被掳的妻子！
踏平篾儿乞惕林立的营帐
让夫人孛儿帖回到家中！
当闻拍打鞍鞯的声音
疑作战鼓溃逃的脱黑脱阿
即在这不兀剌野地居住；
当见弓套摇闪的影子
疑作战乱躲逃的答亦儿兀孙
即在这塔勒浑岛居住；
当闻风吹蓬蒿的动静
疑作敌方袭来的声音
跑向密林的合阿台答儿马剌
即在这合剌只之野居住。
曾闻勤勒豁河岸边
盛长莎草密又高
又闻莎草用途多
可将编做渡水筏
当使便捷此行
可用莎草编筏
横渡河水勤勒豁
直捣篾儿乞惕巢穴
踏平畜生脱黑脱阿那
邪恶满盈的家门

> 不兀剌野地 〈

　　不兀剌野地：今俄联邦布
里亚特共和国纳乌什基、恰克图
之南，蒙古国色楞格省苏和巴托
市以东的布拉河川；塔勒浑岛：
今蒙古国色楞格省苏和巴托市西
南，色楞格河与鄂尔浑河泻流处；
二地与合剌只之野相距不远。

掳取其珍贵的财宝
抢取其搂抱的妻女
绝灭其继承香火的子孙
毁尽其供奉的神灵
让其家国不再复存！
让其恨仇不再复生！"

> 勤勒豁河 〈

勤勒豁河是今俄罗斯联邦布里亚特共和国和赤塔州境内的色楞格河右岸支流希洛克河。

札木合又让合撒儿、别勒古台转告帖木真和王罕二人：

"今我叩祭威武的战旗
擂起震天的牛皮鼓
拿起钢铁的刀枪
穿起征战的盔甲

·成吉思汗称汗图·

·御天门瓮城内砲石·

张开穿心的弓箭
跨上我追风的骏马
率我无敌的大军
向着篾儿乞惕人驻牧的方向
踏上了征战的路程！
絮过我神圣的战旗
擂着我动地的皮鼓
穿着我威武的鑫甲
举着我锋利的钢枪
拉起我穿心的弓箭
骑着我英雄的战马
率着我必胜的大军
向着篾儿乞惕人驻牧的方向
踏上了征战的路程！

·元上都明德门遗址·

　　望王罕兄起程经不儿罕山带上帖木真安答到斡难河源头的孛脱罕·孛斡儿只扎营。我从这里带上一万兵马，路经斡难河，从居住于此地的帖木真属部中再带一万人马到孛脱罕·孛斡儿只与你会合。"

　　帖木真听罢札木合的这般安排，即派合撒儿、别勒古台转告王罕。王罕听到札木合的许诺，立即带领二万兵马出发了。得知此讯，帖木真从不儿吉岸动身，经不儿罕山统格黎溪，到塔纳溪边扎营。当王罕率领的一万人马及其弟率领的一万人马在乞沐儿河岸艾勒合剌合纳一带集结时，帖木真也带着自己的人马前来与他们会合了。

　　当帖木真、王罕及其弟札合敢不三人的联军到达约定的会师地点时，札木合已在这里等候了三天。见到帖木真他们的到来，札木合号令二万人马列队迎接。见此，帖木真他们也速将队伍列队整齐，并走上前去致礼、相认、会合。札木合说："我们不是用蒙古语说定，要'宁可淋雨，不可失约'的吗？不是说好要免掉迟到者的资格吗？"王罕很是过意不去，"误约三日，是属大过。我等甘受札木合弟弟处置。"误约之事，他们就这般谈笑了之了。

·蒙古军攻城图·

薛凉格河,即今蒙
古国境内的色楞格河,经
蒙古国流入俄罗斯贝加尔
湖。巴儿忽真,即今俄罗
斯贝加尔湖东岸支流巴尔
古津河流域地带。

他们自孛脱罕·孛斡儿
只联合出发,乘莎草小筏渡
过河后直击住在不兀剌野地
的脱黑脱阿别乞家门,并毁
掉了其祭拜的神灵,夺取了
他们家室妻女。突袭中,他
们本可活擒睡梦中的脱黑脱
阿别乞,但在抢渡勤勒豁河时被这里的渔民、猎民发现,
让其提前获得了消息。脱黑脱阿惊恐之际,即与兀洼
思篾儿乞惕的答亦儿兀孙带几个人顺薛凉格河逃进了
巴儿忽真地区。

篾儿乞惕百姓大乱,彻夜顺着薛凉格河逃散。帖
木真的联军也紧追其后通宵抢掳。帖木真穿梭在逃散
的百姓中间,边走边呼孛儿帖的名字。混在人群中的
孛儿帖听出了帖木真的声音,便下车与豁阿黑臣一起
跑到帖木真跟前,抓住他的缰绳。在月光下,帖木真
认出了夫人孛儿
帖,便下马与她
相拥而见。帖
木真即派人转
告王罕与札木
合:"人已找
到,今夜可在
此收兵扎营。"
逃散的篾儿乞

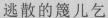
·青铜马镫·

蒙古秘史

惕百姓也在各自逃到
的地点下马过夜。孛
儿帖夫人挣脱篾儿乞
惕人的魔掌，与帖木真
重逢的经过即为这样。

当初，兀都亦惕
篾儿乞惕部脱黑脱阿
别乞、兀洼思篾儿乞
惕部答亦儿兀孙、合阿
惕篾儿乞惕部合阿台答儿马
剌三人带着三百人马进犯帖木
真，目的是要报脱黑脱阿
别乞之弟赤列都的新娘诃
额仑从前被也速该抢去的
旧仇。由于帖木真躲进了
不儿罕山，他们绕山搜了三遍

·包金马鞍·

而未能捉到。所以，抓去了帖木真的夫人孛儿帖，并
把她交给了赤列都的弟弟赤勒格儿。此后，孛儿帖一
直住在赤勒格儿家。如今，仓皇逃出的赤勒格儿悔恨
不已地哀叹道：

　　"不识为命食残皮
　　却想吃到天鹅肉
　　如同卑贱的乌鸦鸟
　　胆敢与其去争斗
　　无能下贱的赤勒格儿我

不识自己命运薄
却去冒犯孛儿帖
招来灾难深又重
将毁篾儿乞惕全族众！
如今趁夜急逃命
无处躲来无处藏
只好钻进崖缝间
可惜将丢己性命
乌发头颅要落地！
不识为命食鼠类
却想吃到天鹅肉
如同下贱的黑超鸟
胆敢与其去争斗

·归来图·

蝎蜓卑鄙的赤勒格儿我
却犯尊贵的字儿帖
给我族众筏儿乞惕
招来这般大灾难！
无能恶徒赤勒格儿我
如今已无藏身处
小命难保无地逃！
深山野林是去处
山崖深谷可藏身
不知何去又何从？"

如此这般，赤勒格儿在无尽的哀叹中逃命他处去了。

合阿台答儿马刺被帖木真联军活捉，并被戴上板

〉别勒古台〈

别勒古台是成吉思汗的异母弟弟，最幼，有勇力，常随成吉思汗征伐诸国。蒙古帝国建立后，其封地在斡难河与客鲁涟河一带。别勒古台虽为成吉思汗诸弟之幼，但因异母所生，被视为庶子、旁系之列，故未被列为斡惕赤斤（末子、炉灶的传承者）。

"我那可爱的孩子们

个个长成了英雄的模样

而我被奴役在这里

忍受着下贱歹人的占有

如此这般

怎去见我孩儿之面！"

说罢，速向密林深处跑去，随后跟去的人们虽经努力，但终未找见她。由此，别勒古台大怒，每见篾儿乞惕人就怒吼："还我母亲！"并将其射死。

这样，帖木真的联军大报三百篾儿乞惕掳妻之仇：

将其杀得儿孙未留

使其家国灰飞烟灭

枷押往不儿罕山。

别勒古台打听到其母被关的房屋，前去营救她。当别勒古台从西侧门进屋时，其母则穿着褴褛的羊皮衣从东侧门闪出户外，对外边的人说道：

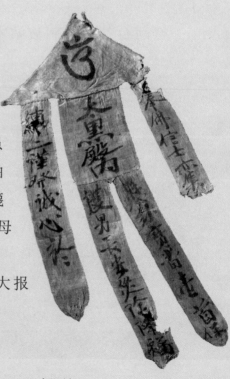

· 黄绢幡 ·

掳其妻女役为家奴

择其美人搂进怀抱！

帖木真十分感激
王罕与札木合，便向
二人谢恩道：

"幸得尊父王罕相助

靠我兄弟札木合之力

成我克敌决胜的力量！

在那苍天父亲的保佑下

在那大地母亲的恩济下

灭我世仇篾儿乞惕

毁其家门掳得了财！"

·白釉人首摩羯形瓷壶·

就此，帖木真联军大胜篾儿乞惕而归。

兀都亦惕篾儿乞惕百姓溃逃后，有一五岁男孩被
遗留在营盘中。他名叫曲出，头戴貂皮帽，脚踏鹿蹄
皮靴，身穿貂皮长衣，是个目有神、面有光的小孩。
联军将他捡来后献给诃额仑母为礼。

帖木真、王罕、札木合三人在斡儿罕、薛凉格二
河间的林地上分手。帖木真、札木合二人为一路，向
豁儿豁纳黑川地退去。王罕顺不儿罕山山麓，经诃阔
儿秃林川，再经合察兀剌璞秃·速卜赤惕、忽里牙秃·
速卜赤惕等地，边打猎边赶路回到了土兀剌河边的黑
林地。

帖木真、札木合在豁儿豁纳黑川合营驻扎，叙说
旧情，增进友谊。当二人初结安答（结拜兄弟）时，

帖木真才十一岁。那时札木合赠帖木真一只鹿踝骨，帖木真也将一只灌铜踝骨赠给了札木合，二人在斡难河冰上打着踝骨游戏结为安答。翌年春天，二人一起玩耍时又互赠箭器结为安答。这是二人两度结为安答的经过。

　　　　"听先世父老之言

　　　人若结为安答

　　　不仅己身得益

　　　又能相互照应！

牢记先世之言，让我们更加友好吧！"帖木真将掳自脱黑脱阿家的金腰带系到札木合的腰间，并让札木合骑上了取自敌方的海骝马。作为回赠之礼，札木合也把掳自兀洼思篾儿乞惕家的金腰带系到帖木真的腰间，又让帖木真骑上了取自敌方的小白马。这样，二

· 高颈鸿雁三彩壶 ·

人三度结为安答，便在豁儿豁纳黑川上，忽勒答合儿山前的一棵大树下备宴相庆。从此起，二人睡到了一个被窝里。

　　帖木真、札木合二人在这里亲密无间地生活了一年半。一天，二人商量迁徙事宜，并于初夏首月十六日迁出了驻牧一年半的营地。当二人并肩走在车队前沿时，札木合说："帖木真、帖木真，我的好安答！

　　靠座山坡扎营吧
　　好让牧马人有行帐！
　　找个河岸扎营吧
　　好让牧羊人充其腹！"

　　帖木真没能听出札木合话的含意，也未做任何回答，沉默无语地停了下来，等后边的车赶过来后，对母亲诃额仑说："札木合安答对我这样讲：

　　靠座山坡扎营吧
　　好让牧马人有行帐！
　　不知是否？
　　找个河岸扎营吧
　　好让牧羊人充其腹！
　　行来无束！

我既没听懂，也未做答。所以，现来请教母亲。"没

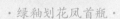

·绿釉划花凤首瓶·

等诃额仑开口，孛儿帖抢先说道："听说札木合安答极易厌倦，现在是否已到厌倦我们的时候了？札木合刚才的话，可能是比喻我们而说。我们不必扎营，而应彻夜前行远远地离开他札木合。"

· 胡人驯狮琥珀佩饰 ·

孛儿帖的看法得到了帖木真等人的赞同。他们彻夜前行，并顺路袭击了泰亦赤兀惕人。毫无防备的泰亦赤兀惕人仓皇而逃，即夜投奔了札木合。帖木真们在泰亦赤兀惕人的营地上拾到了一个名叫阔阔出的小孩。诃额仑见他幼小，便收养了他。

天亮后，帖木真发现，札刺亦儿人哈赤温·脱忽刺温、合刺该·脱忽刺温、合阑勒歹·脱忽刺温兄弟三人夜行前来投奔了他们。前来投奔的还有塔儿忽惕人合答安、答勒都儿罕兄弟五人，蒙格秃乞颜的儿子翁古儿，以及敞失兀惕、巴

> 小故事 〈

一个饱受磨难的，刚刚找回家室尊严的，怀着重振家族大业之雄心的成吉思汗，与一个如日中天的、胸怀非凡军事才能的、拥有一支强大力量的札木合，就这样分手了。从这一刻起，三度结为安答情谊，互赠金带、马匹的友爱和共睡一个被窝的火热，只成了两人心目中隐隐作痛的回忆，并为以后的历史留下了无限广阔的论说天地。

牙兀惕和他们的属众。还有：巴鲁剌思人忽必来、忽都思兄弟，忙忽惕人哲台、多豁勒忽彻儿必兄弟。孛斡儿出的弟弟斡歌连也离开阿鲁剌惕部随其哥哥来了。者勒篾的弟弟察兀儿罕、速别额台也离开兀良罕部跟过来了。迭该、窟出沽儿兄弟从别速惕部，赤勒古台·塔乞、泰亦赤兀惕兄弟从速勒都思部，薛扯朵抹黑领着阿儿孩合撒儿、巴剌二子从札剌亦儿部，雪亦客秃从晃豁坛部，者该晃答豁勒的儿子速客该者温从速客虔部，察合安兀洼从捏兀歹部、轻吉牙歹从斡勒忽讷兀惕部，薛赤兀儿从豁罗剌思部，抹赤别都温从朵儿边部纷纷跟过来了。亦乞列思部不图因作这里的女婿，也随了过来。还有，那牙勤人种索，斡罗纳儿人只儿豁安、巴鲁剌思人速忽薛禅、合剌察儿父子及巴阿邻人豁儿赤、兀孙额不干、阔阔出思等也领着篾年巴阿邻部众过来了。

·青铜人·

一种奇特的现象出现了。成吉思汗与札木合分手后，原属札木合的一些贵族、名门和部落头人带着自己的属民纷纷脱离札木合，投奔到了成吉思汗的帐下。他们为什么脱离强者，投奔弱者呢？原因只有一个：年轻的成吉思汗不仅忠义、宽厚、仁慈，而且具有超凡的人格魅力！

前来投奔的豁儿赤对帖木真说："我等生自圣祖孛端察儿掳来之妻。所以，与札木合有一腹同胞之缘，本不应脱离札木合。但天神让我看到了这样的景象：一只草黄母牛走过来，绕着札木合及房车冲顶不止，经一阵猛冲，黄母牛折断了一只角，于是黄母牛边吼："还我犄角！"边向札木合刨土。还有一只黄秃牛拉着一辆大帐车，沿着大路紧随帖木真的后面，大声吼着：

"天地相商确定
立帖木真为国主
令我前来传言！

天神让我看到了如此情景，所以，我过来投奔你。帖木真你若成国主，将如何回报我这预言？"

"若我能做国主就封你为万户长！"帖木真话音刚

· 玻璃灯盏 ·

蒙古秘史

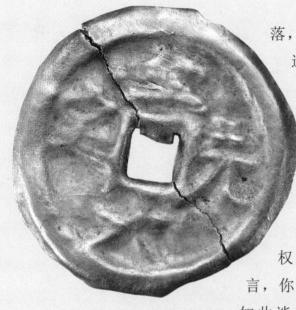

·金币·

落，豁儿赤接着又说道："我预言了如此重要的天下大事，封个万户长算什么。这样吧，你封我万户长的同时，再授我挑选三十美女为妻的权力！再者，凡我所言，你必须倾听！"

如此谈论之际，忽难等格你格思一营，答里台斡惕赤斤一营也都赶了过来。还有札答阑部的木勒合勒忽、温真·撒合亦惕一营等也都离开札木合，投奔帖木真来了。

帖木真的人马就这样离开札木合，走到乞沐儿合溪边的阿亦勒合剌合纳后才停了下来。这时，主儿勤部莎儿合秃主儿乞的儿子撒察别乞、泰出二人为一营，忽图剌可罕的儿子阿勒坛斡惕赤斤为一营，也纷纷离开札木合，来与帖木真会合了。

阿勒坛、忽察儿、撒察别乞等大家商议，要立帖木真为汗，便对帖木真说："帖木真，我们商定要立你为汗。立你为汗后，我们将

　　冲锋陷阵不惜生命
　　掳来美女夺其宫帐
　　献给可罕帖木真你！
　　袭击征服外族百姓
　　掳来美女夺其战马
　　献给可罕帖木真你！
　　在猎杀狡兽的时候
　　将其追来供你射杀！
　　在捕杀野熊的时候
　　将其赶来供你射杀！

· 葫芦形香囊 ·

在围猎山鹿的时候
誓要为你
追将使它精疲力竭！
誓要为你
逼将使它气绝而亡！
在那沙场鏖战时
如违你铁般的号令
请你灭我们家门九族
使我们头颅滚落荒野！
在那安稳平和时
如违你任何的派遣
请你掳我们属民与妻女
使我们流亡他乡无家归！"

· 白釉剔花玉壶春瓶 ·

他们就这样商议、立誓，便把帖木真立为可汗，号称成吉思汗。

帖木真被立为成吉思汗之后，即选孛斡儿出之弟斡歌来和合只温脱忽剌温、哲台、多豁勒忽四人为近卫，让其带上了弓箭。又根据汪古儿、雪亦客秃、合答安答勒都儿罕三人之："让我们为你备早饭，晚餐不怠慢"的请求，安排他们当了厨师。

这时，迭该出来说道：

"让那羊群遍布平川
让那牛群漫山遍野
馋嘴爱吃的迭该我

对"逐水草而居",迁徙而生的游牧民族来说,马匹和车辆是同等的重要。所以,包括蒙古民族在内的北方游牧民族很早以前就掌握了畜力与机械能够结合的道理和修造车辆的技术。从成吉思汗专门设立修造帐车的机构看,木工业已成为独立的手工行业。这不仅是交通运输业发展的标志,也在说明着当时手工业发展的水平。

每天分得肥肠吃!
我将日夜为续
毫无间断地
宰杀那肥壮的羯羊
供你吃鲜美的肉汤!"

成吉思汗遂其意愿,让迭该当起了牧羊人。又遂其弟古出沽儿修造车帐的心愿,让他负责起修造车帐的工作。同时,令朵歹管理宫中的妻女、子弟和仆人。

成吉思汗又命合撒儿、忽必来、赤刺温、合儿孩脱忽刺温四人为带刀护卫,交由合撒儿指挥。并令他们:

奋力砍断那
来犯者的头颅!
英勇戳穿那
为敌者的胸膛!

接着,成吉思汗又命别勒古台、合刺勒脱忽刺温二人为骟马饲养官;泰亦赤兀惕人忽图、抹里赤、木勒合勒忽三人为牧马官;阿儿孩合撒儿、塔该、速客该、察兀儿罕四人为通信联络官。

见景,速别额台说:

"愿像老鼠一样
聚敛大地上的财宝

蒙古秘史

愿像乌鸦一般

拾来山野里的果实

如一张毡子

成为一块补丁

为你料理这天大的家业！"

成吉思汗对孛斡儿出、者勒篾二人说：

"在我影子以外无同伴的时候

来做我的影子和同伴

在我尾巴以外无甩鞭的时候

来做我尾巴和鞭子

抚慰我心灵的

振奋我精神的

贴心好友是你俩呀！

你们二人是最先来与我为友的。所以，应做众人之长！"

成吉思汗这般逐一安排妥当后，对着大家说道："苍天施恩，大地相济！你们大家离开札木合，前来与我为友，所以，大家都是值得敬重的、充满吉祥之意的好朋友。因此，我一一委付你

· 技乐鎏金铜佛 ·

们适当的事务。"

帖木真被立为成吉思汗后，即派塔该、速客该前往客列亦惕部通报王罕。王罕说："立我儿帖木真为罕，你们做得很好。蒙古人怎能没有首领呢？望你们：

牢记这共同的约定
维护这相互的友情
遵守这立下的秩序
相扶相助走到永远！"

〉 小故事 〈

就这样，成吉思汗建立了自己最初的政权。这个政权最突出的特点是其领导者并非来自本家族，而大多是来自于其他族属，更有些是来自平民阶层和奴隶阶层。那些以高贵自居的身出名门的贵族，却被排斥在了政权领导层之外。这样，这个以成吉思汗为核心的领导集体显得格外精干，富有战斗力。

卷
四

帖木真派阿儿孩合撒儿、察兀儿罕二人向札木合通报被立为成吉思汗一事。

听罢，札木合对二人说："你俩回去转告阿勒坛、忽察儿二人：你二人为何用戳腰刺肋之计离间我和帖木真安答？为什么当初我俩在一起时不立帖木真为罕，而今又怀何意立他做了罕？阿勒坛、忽察儿你俩要说话算话，让我安答放心，做我安答的好助

·灰陶龙首·

对一个新生的政权而言，外部世界的承认和支持是非常重要的。年轻的成吉思汗非常清楚这一点。所以，他被推立为可汗后，立即派人通报王罕和札木合。成吉思汗和他新生的政权得到了王罕的承认，但未能得到札木合的支持。札木合虽然没有明确表示反对，但对未能进入政权核心的贵族阿勒坛与忽察儿捎去了寓意极深的话语。这对成吉思汗的日后经历增添了几多变数。

手！"

其后有一天，牧营于札剌麻山前斡列该泉旁的札木合之弟给察儿从撒阿里野外劫走了拙赤答儿马剌的马群。拙赤答儿马剌见其同伴不敢去追，便只身策马连夜追到马群旁边。他趴在马鬃上，悄悄接近给察儿后猛力一射，便使给察儿腰断而死。这样，马群被追回来了。

当时，成吉思汗正在古连勒古山一带驻牧。亦乞列思氏木勒客脱塔黑、孛罗剌歹二人前来急告："为报弟弟被杀之仇，札木合率札答阑十三部，合为三万骑，越过阿剌兀惕山、土儿合兀的山，讨伐成吉思汗而来！"成吉思汗获此急报，即组织十三营地三万兵马，赶到答阑巴勒主惕之荒野迎战札木合。战斗

撒阿里，也称撒阿里川，撒阿里之野，其意就是叫"撒阿里"的野外之地。位于今蒙古国乌兰巴托市东南百余公里处，中央省东南部地区。这是一处常被蒙古史书提起的地方，也是当年成吉思汗大施故放瘦马、虚设营火等疑兵之计的地方。

中，成吉思汗不敌札木合，被逼躲进了斡难河畔哲列捏大峡谷。见此，札木合说：“我们已将他们逼入了峡谷，就此回去吧！”便率人马归去。途中，他们用七十口大锅

煮死了赤那思氏所有青壮年，并砍下捏兀歹·察合安兀阿的头，拖在马尾后面扬长而去。

　　待札木合率众回营后，主儿扯歹、忽亦勒答儿等长老率兀鲁兀惕、忙忽惕氏部众，离开札木合，前来投奔成吉思汗。晃豁坛氏蒙力克父亲跟随札木合至今，现在，他领着七个儿子也离开札木合来投奔成吉思汗。见到这些人从札木合那里来到自己帐下，成吉思汗高兴不已，便与诃额仑母亲、合撒儿、撒察别乞、泰出等在斡难河边的树林里举行宴会庆贺。开始，成吉思汗

主儿扯歹是兀鲁兀惕部人，是每遇战阵，必与先锋的将军。投归后，深得成吉思汗信赖。公元1206年，成吉思汗完成统一蒙古大业后，为表彰主儿扯歹立下的盖世之功，把亦巴合别乞夫人赐给了他。忙忽惕部人忽亦勒答儿也是一位勇敢忠诚的人，曾与成吉思汗结过安答，后在抗击王罕的战斗中受伤，不久因伤病复发而逝。二者都是名震蒙古的古代英雄。

敬诃额仑、合撒儿、撒察别乞各一杯。接着，从撒察别乞小妾开头往下敬酒。对此，豁里真夫人、忽兀儿臣夫人大为不满："为何不先

敬我而先敬她？"借故鞭打厨子失乞兀儿一顿。失乞兀儿满腹委屈，大声哭着说道："只因也速该和捏坤太石不在了，我才遭此毒打呀！"

该宴席由成吉思汗方面的别勒古台和主儿勤方面的不里孛阔二人主持。席间，别勒古台又负责看管成吉思汗的坐骑。这时，一合答吉歹氏人从成吉思汗的马桩上盗取缰绳时恰被别勒古台抓住了。不里孛阔出面袒护

· 蒙古武士画像 ·

蒙古秘史

成吉思汗所属的孛儿只斤氏和撒察别乞、泰出所属主儿勤氏同属合不勒可汗的后裔。撒察别乞、泰出二人则是成吉思汗的堂兄弟。撒察别乞、泰出二人虽与蒙古贵族一起推举过成吉思汗，但是随着成吉思汗威望与势力的增长，相互间的矛盾日益加深。最后，导致了主儿勤氏的背叛和撒察别乞、泰出被斩的悲剧。

盗缰者，便与别勒古台打起架来。别勒古台因酷爱摔跤，时常露右臂于袖外。于是，不里孛阔用马刀砍裂了别勒古台的右肩。别勒古台虽遭刀砍，仍不动声色地淌着鲜血照料宴席。坐在树荫下饮酒的成吉思汗见此情景，前来问道："是谁把你砍成这样？"别勒古台若无其事："一大早就这样了。不要因为我，伤了兄弟和气！我不妨，伤得很轻。诸兄弟聚到一起不易，千万不要为我而相互怪罪。"

成吉思汗不顾别勒古台的劝阻，折下两旁的树枝，抽出撞乳杵与主儿勤人厮打起来。成吉思汗人多势众，很快制服了主儿勤人，拿下了他们豁里真、忽兀儿臣两位夫人。

· 错银铁矛 ·

· 白瓷盘 ·

M G M S

·海屯田万户铜印·

主儿勤人见大势已去，便提出了重新和好的请求。成吉思汗接受了这一请求，放走了豁里真、忽兀儿臣二位夫人。

正值此时，金国的阿勒坛罕派完颜丞相发兵讨伐抗命不从的塔塔儿部篾古真薛兀勒图。完颜丞相直捣塔塔儿腹地，并继续追击逃向浯勒札河方向的篾古真薛兀勒图之主力。得此情报，成吉思汗说："昔日，塔塔儿百姓杀我父祖，是我们的世仇。为报父祖之仇，去协助完颜丞相剿杀他们！"

如此定夺后，成吉思汗即派

·鎏金银覆面·

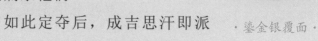

使者告知王罕："金国的阿勒坛罕派完颜丞相讨伐塔塔儿人。现在，他们正向浯勒札河这边追剿篾古真薛兀勒图主力而来。请王罕父亲速来帮我，去迎战那杀我父祖的塔塔儿人！"王罕听罢此言，当即说道："我儿所言甚是！去迎击他们！"便在三天头上带着兵马来与成吉思汗会合。接着，成吉思汗、王罕又派人邀主儿勤人撒察别乞等前来参战。二人苦等六天后，见主儿勤人仍无来意，便挥师攻向浯勒札河，迎击塔塔儿人。当成吉思汗、王罕配合完颜丞相作战，推进到浯勒札河附近忽速秃失秃延、纳剌秃失秃延一带时，篾古真薛兀勒图为首的塔塔儿人

> 浯勒札河 ‹

浯勒札河是今蒙古国肯特省、东方省境内的一条河流，今名乌勒吉河。浯勒札河这一战是成吉思汗报父祖之仇的一战。塔塔儿人先后把蒙古先世俺巴孩汗、斡勤巴儿合黑擒住后交给金国，使其被钉木驴而死。成吉思汗的父亲也速该也是被塔塔儿人毒死的。所以，成吉思汗怎能放过借金兵之力报父祖之仇的机会呢！

已在这里建立了赛子防御。成吉思汗、王罕二人直捣其巢穴，活捉并杀死篾古真薛兀勒图后掳获了他的银制摇车和镶珠绵被。

·传统工艺品·

成吉思汗、王罕即报完颜丞相：已杀塔塔儿人篾古真薛兀勒图。完颜丞相大喜，当即封成吉思汗为札兀惕忽里，封王罕为王。王罕原本称为脱斡邻勒罕，完颜丞相将其封王之后，大家便用王罕二字称呼他了。行毕封赏，完颜丞相又说："你们帮我杀掉逆贼篾古真薛兀勒图，为大金皇帝立了大功。我一定向皇上请功，请皇上给予成吉思汗更大的恩赏。"

〉失吉忽秃忽〈

失吉忽秃忽是成吉思汗从塔塔儿人的营地上捡到的孩子，后由成吉思汗之母诃额仑养育成人。长大后，失吉忽秃忽被成吉思汗当作"听之聪耳、视之明目"来使用。有学者认为，失吉忽秃忽不但创立了蒙古族写青册制度，而且我们阅读的这部《蒙古秘史》，很有可能就是他的作品。"不要因为恐惧而招认！"是失吉忽秃忽的传世名言！

完颜丞相心喜而归。随后，成吉思汗、王罕二人分掉塔塔儿人之家业，也各自回驻地去了。途中，成吉思汗从塔塔儿人营地拾到了一个小男孩。那男孩耳戴金环，鼻扣金圈，身着貂皮

蒙古秘史

短衣，看上去颇为精神。成吉思汗见即喜欢，将其带回家后交给了诃额仑母亲。"看来是好人之后，良家之裔呀！让他当我五子之弟，第六个儿子吧。"诃额仑接过男孩，并起给他失吉忽秃忽的名字。

哈澧漓秃湖曾是成吉思汗后方家眷的营地。主儿勤人趁成吉思汗出征塔塔儿之际，偷袭了他的后方家眷，不仅剥走了五十余人的衣物，又杀死了十个人。后方营地紧急向成吉思汗报告被主儿勤人偷袭的消息。成吉思汗大怒："主儿勤人为何如此对我？在斡难河边举行宴会时毒打厨师失乞兀儿，又砍了别勒古台右肩一刀。乞求和好时，我们把豁里真、忽兀儿臣二夫人给放了回去。此后，邀他们一起攻打杀害我们父祖世仇塔塔儿人，让我们苦等六天而未到。如今却成了敌人的帮凶，族众中的祸害！"当即掉转马头，驰往主儿勤部。

当成吉思汗攻入主儿勤人位于客鲁涟河畔阔朵岛朵罗安孛勒答黑营地时，撒察别乞、泰出二人却带着少许人马逃出了营地。成吉思汗尾追而去，追至帖列秃山口捉住了撒察别乞、泰出二人。"还记得我们从前的盟约吗？"成吉思汗问。"未能履行盟誓的诺言，

·如意式盖花瓣状熏炉·

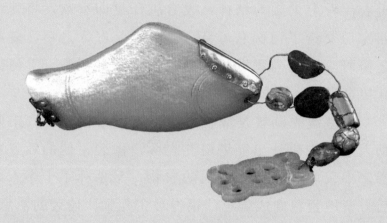

现在让我们兑现吧！"二人回答。于是，成吉思汗让其重温旧约，兑现其言，将其处死。

除掉撒察别乞、泰出二人后，成吉思汗迁移主儿勤部众回到了营地。正在主儿勤部栖身的札剌亦儿氏帖列格秃之子古温兀阿、赤剌温孩亦赤、者卜格三人也随着人群来到了成吉思汗的营地。古温兀阿将木合黎、不合二子领到成吉思汗面前，托付道：

"让他做你守门的小奴

若离你至尊的门槛

就剁掉他丈地的脚跟！

让他做你看门的小奴

若离你金贵的家门

就戳穿他起歹的心肝！"

赤剌温孩亦赤也将统格、合失二子领到成吉思汗面前，托付道：

"让他守你高贵的家门

若离你高贵的家门

就结束他负恩的小命!

让他做你看门的小狗

若离你尊贵的家门

就结束他卑贱的小命!"

成吉思汗将者卜格送给了合撒儿。者卜格又把从
主儿勤营地上得到的小孩孛罗
忽勒交给诃额仑母亲抚养。
这样,诃额仑母亲收养了得
自篾儿乞惕营地的曲出、得
自泰亦赤兀惕部别速惕营
地的阔阔出、得自塔塔
儿营地的失吉忽秃忽
和得自主儿勤营地的
孛罗忽勒四名小孩。
"要将这帮孩
子养育成我们
白天里的眼睛,
黑夜里的耳朵。"
诃额仑对自己的
孩子们说道。
主儿勤氏的
鼻祖是合不勒罕
的长子斡勤巴剌合
黑。其儿子名为

·青铜熏炉·

·蒙古骑兵·

莎儿合秃主儿乞。主儿乞的父亲凭着合不勒罕长子的
权威，将属民中的那些

　　拇指上有力气
　　肝胆里有毒汁
　　肺脏里有霸气
　　唇舌间有怒气的
　　摔跤能手和勇猛之士

分给了自己的儿子。由于这些威猛、心狠的人们聚到
了一起，就被大家称呼为主儿勤人了。成吉思汗征服
了如此强悍的主儿勤人，将其百姓变成了自己的属民。

　　一天，成吉思汗要让不里孛阔与别勒古台相摔。
不里孛阔原属主儿勤部，他本可用单手单脚摔倒别勒
古台后能将其压得无法动弹。不里孛阔本是著名的大
力士。在这次摔跤中，他虽为非败之人，但很容易让
别勒古台摔倒在地。别勒古台勉强将其压在身下，用
肩膀压着他的臀部瞟一眼成吉思汗时，成吉思汗咬了

咬下唇。于是，别勒古台心领神会，便骑在不里孛阔腰间，从臀部和胸部用力一折折断了他的腰。腰被折断后，不里孛阔后悔莫及："我本来不是输给别勒古台的人，是惧怕成吉思汗的权威而佯倒在他手下，丢掉了我的性命！"说完，便死了过去。别勒古台将其腰椎折断后，拖出去扔掉了。合不勒罕的长子是斡勤巴剌合黑，次子为把儿坛把阿秃儿，是也速该的父亲。三子是忽秃黑图蒙古儿，便为不里孛阔的父亲。不里孛阔的气力超于把儿坛把阿秃儿之诸子，时常与巴儿合黑之诸子结伴。如今，国手不里孛阔就这样死在了别勒古台的手里。

光阴荏苒。其后，于鸡儿年（辛酉，1201 年），以巴忽搠罗吉为首的合塔斤人，以赤儿吉台把阿秃儿为首的撒勒只兀惕人，以合只温别乞为首的朵儿边人，

· 元代军用铁锅 ·

以阿勒赤、札邻不合为首的塔塔儿人，以土格马合为首的亦乞列思人，以绰纳黑·察合安为首的豁罗剌思人和翁吉剌惕人迭儿格克、额篾勒，乃蛮人古出兀惕、不亦鲁黑罕，篾儿乞惕人脱黑脱阿别乞之子忽都，斡亦剌惕人忽都合别乞，泰亦赤兀惕人塔儿忽台乞里勒秃黑、豁敦斡儿长、阿兀出及属众，聚于阿勒灰不剌阿营地，商议决定推举札木合为罕，并宰杀儿马、骒马，相誓为盟。随后，顺额而古涅河下行，行至其支流刊河岸边下营行礼，将札木合推上了可罕宝座，取号古儿罕。将札木合推举为古儿罕后，大家便商议起讨伐成吉思汗与王罕的办法。得知此事后，豁儿剌思人豁里歹急忙赶往古涟勒古山告知成吉思汗。闻讯后，成吉思汗火速通知王罕。王罕得知，立即率兵前来与成吉思汗会合。

两军会合后，成吉思汗与王罕商定，要迎击札木合，便率人马向客鲁涟河下游进发。与此同时，成吉思汗派出了阿勒坛、忽察儿、答里台三人为一组的先锋，王罕派出了桑昆、札合敢不、必勒格别乞三人为一组的先锋。在

·元代五股铁叉·

先锋的前面又派出了几组前哨，一组部署在附近的归列秃一带，一组部署在稍远的彻克彻儿一带，一组部署在更远一点的赤忽儿忽一带。当成吉思汗派出的一组先锋赶到兀惕乞牙一地准备下营时，从赤忽儿忽前哨传来了敌人将至的消息。得此报告，阿勒坛等先锋们欲探更为准确的敌情，改变计划，连夜前行，不久便与敌方先锋迎面而遇。经大声相问，便知他们是札木合派出的先锋蒙古部阿兀出，乃蛮部不亦鲁黑、篾儿乞人脱黑脱阿别乞之子忽都和斡亦剌惕部忽都合别乞四人。双方先锋相见，见天色已晚，决定第二天开战。于是，成吉思汗的先锋赶回大营休息。

次日，双方在阔亦田一地对阵。双方或上或下移动，各自布阵。不亦鲁黑、忽都合二人精通札答之术，能向对方阵地刮狂风、下骤雨。当二人摆开架势施起妖术时，狂风骤雨却肆虐了他们自己的阵地。见满地泥泞，无法行走，他们大呼："天怒我也！"随即溃散而去。

乃蛮部不亦鲁黑向阿勒台山南麓兀鲁黑塔黑方向逃去。篾儿乞惕部脱黑脱阿之子忽都向薛凉格河一带逃去。斡亦剌惕人忽都合逃向森林茂密的失黑什黑地区。泰亦赤兀惕人阿兀出把阿秃儿逃向斡难河方向，札木合自己在洗劫立其为罕的众百姓后，朝额而古涅河下游溃退而去。

见敌方四处溃逃，王罕率兵向额而古涅下游方向追击札木合。成吉思汗率兵尾随阿兀出等泰亦赤兀惕人向斡难河方向追去。阿兀出逃回到自己的大本营后，与豁敦

·持炉侍女·

斡儿长等一道集结起余部，准
备在斡难河彼岸迎击成吉思汗。
两军相遇，激战骤起。双方肉
搏至傍晚，难分胜负，便就
地扎营过夜。躲避战乱的
百姓们乱作一团，也与战
士们一起扎营过夜。

　　在当天的鏖战中，成吉
思汗颈脉受伤流血不止，傍晚
时疲惫不堪地留在了战场上。者勒
篾守在成吉思汗身旁，用嘴吸着凝固

·传统工艺品·

在伤口中的血块，满脸涂血，不信他人，独自守到深
夜。经者勒篾大口大口地吸出瘀血，半夜后，成吉思汗慢慢地恢复了知觉，开口说道："我血已干，现在渴得厉害！"一听此言，者勒篾脱掉鞋帽衣服，只穿内裤，赤身跑进敌方营地，爬上后面的民用小车寻找酸马奶。但因逃散的民众未挤马奶

〉追击札木合〈

　　阔亦田一战，成吉思汗彻底打败了札木合。而且札木合已由王罕追击而去，成吉思汗可以放心地去做其他事情了。泰亦赤兀惕人是成吉思汗久拖的心病。他们曾使成吉思汗遭受过"影子以外无他伴，尾巴以外无甩鞭"的煎熬；是他们抓去年少的成吉思汗，险些让他丢掉了性命，如无锁儿罕失剌一家的暗中救助，成吉思汗命运难料；这一次，他们又协助札木合，参加了消灭成吉思汗的战争。所以，成吉思汗与泰亦赤兀惕有了不得不了断的恩仇。

而没能找到。找不到酸马奶，者勒篾转而抱上一坛奶
酪回来了。来去两趟路，者勒篾没被任何人发现，真
可谓苍天保佑了！者勒篾搬来奶酪后，又去找来一些水，
兑到奶酪里，给成吉思汗喝了下去。

"感觉好多了！"成吉思汗间歇三次喝完兑水奶酪
后，边说边起身坐起。适逢此时，天已大明。二人这
才发现者勒篾吸出的血水已润湿了他们座位附近的一
大片地方。

"这是什么呀？为何不吐到远处去呢？"成吉思
汗见状责问者勒篾。"当你伤痛之际，我惶恐不已，
不敢离开，便将吸出的瘀血咽的咽，吐的吐，搞成了
这样！"者勒篾回答。成吉思汗又问："在我卧伤不起

时，你为何赤身跑去？若被敌人捉住，是不是准备供出我在这里卧伤？"者勒篾急忙答道："我想，若我赤身裸体地被敌方捉住，就说，我本是要投靠你们的。但他们发觉后把我抓了起来，并扒去我身上的衣服正要处死我时，我想办法挣脱后跑到了这里。这样，敌方会信以为真，会给我衣服和食物的。那么，我就可以抓上一匹马趁机逃回来。我为消除大汗您的口渴，如此打算好后才去的！"

听罢，成吉思汗说道："如今我该说什么好？昔日，当篾儿乞惕人袭来，我躲进不儿罕山而身陷绝境时，你救我性命一次。如今，你又用嘴吸我伤口瘀血，又一次使我躲过了死神。而且，在我口渴难耐之际，你又不顾个人安危冲进敌方阵营搬来奶酪供我饮用。三次救命之恩，我将永世不忘！"

天已大亮，又一个白天开始了。人们发现，在这里下营过夜的敌方人马已在深夜里逃了个精光。而扎营过夜的百姓们因无法随军速退，仍停留在这里。去收拾那散民百姓吧！

·青花龙纹碟·

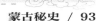

成吉思汗从过夜的地方起身前去。当他们正清理散民时，有一红衣女人大声哭呼："帖木真！帖木真！"成吉思汗颇感意外："谁的女人，如此哭叫？"便派人前去探问。见来人问话，那女人说："我是锁儿罕失剌之女，名合答安。你们的人抓走了我的男人，并要杀他。我是喊帖木真来救我男人！"成吉思汗一听此话，随即跃马前去，紧紧抱住了合答安。但就在此前，她的男人已被大汗手下杀掉了。待收拾好那些散民后，成吉思汗与大军一起就在原地下营休息。休息时，成吉思汗邀来合答安，让她坐在自己的身旁。

　　次日，曾为泰亦赤兀惕氏脱朵格属下的锁儿罕失剌、者别二人前来面见成吉思汗。成吉思汗对锁儿罕失剌说：

"为我卸去那
套在脖颈上的
枷锁
为我砸断那
扣在双脚上的
铁链
我那恩如父母
的
尊辈您哟
为何这般
姗姗来迟？"

锁儿罕失剌答道："我早

· 青铜铃 ·

蒙古秘史

已对你信心十足，不必着急从事。我若匆忙前来，泰亦赤兀惕的官长们将会摧毁我那留在家里的妻女、孩儿，还有牲畜。现在我来与可汗您会合了！"成吉思汗听完这话，说："做得对！"成吉思汗转而对者别说："我们在阔亦田一地鏖战时，是谁从山头上射来一利箭，射伤我战骑口白黄马的脖颈？"者别答道："那射箭的人便是我！

您若欲想杀掉我
请您举起大战刀
尸首倒下血巴掌
腐烂散去能几日！
您若赐我一条命
我将倾尽毕生力

冲锋陷阵走在前
为您踏平山水险！
誓让河水翻起浪
誓让坚石碎成粉
戳破敌人肝和胆
为您立功又立业！"

成吉思汗若有所思，下令道："作为敌对之人，都会隐瞒自己的害人行为。可你毫不隐瞒地讲出了自己的害人之事。你这人可交啊！改掉你的原名只儿豁阿歹，因你用箭射伤我战马之颈，故为你赐名者别（意为箭）吧！你要像利箭一样护卫着我！"

这便是成吉思汗交泰亦赤兀惕人者别为友的原因。

·金冠饰·

卷五

成吉思汗将泰亦赤兀惕的阿古出、豁敦斡儿长、忽都兀答儿等斩杀完后，率众百姓迁至忽巴合牙一地过冬。

你出古惕巴阿邻人失儿古额秃老人，与其两个儿子阿剌黑、纳牙阿一起捉住了躲藏在密林里的泰亦赤兀惕首领塔儿忽台乞邻勒秃黑。由于他过于肥胖不能骑马，失儿古额秃父子就把他绑在车上送往成吉思

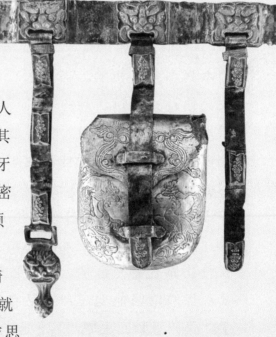

·金配饰·

汗营地。得知此事，塔儿忽台乞邻勒秃黑的弟弟们、儿子们急速赶来解救。见他们直追而来，失儿古额秃老人便把胖子塔儿忽台乞邻勒秃黑仰面推倒后骑在其肚皮上拔出了腰间的快刀，对着他的喉咙大声说道："你的弟弟们、孩子们要抢你回去。如今，我虽然没有杀害你，但因冒犯自己的君主，也会被杀死的。还是一命还一命，你来做我的垫背吧！"

　　见此，塔儿忽台乞邻勒秃黑，哭喊着对其弟弟们、孩子们说："失儿古额秃要杀死我。他若将我杀死，你们抢回一具死尸又有何用？趁他未杀之前赶快回去！帖木真不会杀我的。当帖木真被遗弃在野外荒地时，我见他目光炯炯、神色不凡，便领到家里像调教野驹般地调教过他。那时，我虽能轻易将他杀死，但我还是以宽厚之怀抚养了他。我想，心如明镜的帖木真肯定记着我这份情义的。他不会杀我！弟弟们、孩儿们，快快回去，要不失儿古额秃会杀了我的！"见势不妙，塔儿忽台的弟弟们、儿子们相互商量道："我们本是来救父兄之命。可是，失儿古额秃这昏老头若把他杀了，我们抢回他无命尸首又有什么意义？趁他还没下手，我们赶紧回去吧！"于是，其弟弟们、儿子们照塔儿忽台的意思，便回去了。待他们走远之后，失儿古额秃躲在一边的两儿子阿刺黑、纳牙阿回到了父亲身边。失儿古额秃老人与两儿子走到一起后，押着塔儿忽台前行

到一个叫忽秃忽勒的地方。在这里，纳牙阿说："如果，我们把塔儿忽台押到成吉思汗那里，成吉思汗肯定嫌我们是冒犯首领的不忠不仁的贱民，不仅不会接纳我们，反而会处死我们的。我看不如这样，先放塔儿忽台回家去，然后我们去投奔成吉思汗，并要对他说："现

·出猎图·

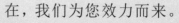

·青花瓷罐·

在，我们为您效力而来。本来我们捉住了塔儿忽台，但不忍心把自己的主人押送到这里，所以，在半路上又把他放了回去。自己前来投奔您了！"失儿古额秃父子赞同纳牙阿的看法，就地放走塔儿忽台后，一路急行走到了成吉思汗的营地。成吉思汗见他们前来投靠，就问起了事情的原委，"本来我们捉住了塔儿忽台，但不忍心把自己的主人押送到这里，所以，半路上又把他放了回去，就自己前来投奔您了！"失儿古额秃回答。听罢，成吉思汗说道：

"你若捉来

自己的主人塔儿忽台

我将以犯上刁民罪

灭绝你们的全家族！

今你不背弃旧主

忠心可嘉

准在帐下做事！"

成吉思汗便对纳牙阿加以恩赐。

此后，成吉思汗在帖儿速惕驻扎时，客列亦惕人札合敢不前来投靠了他。正值此时，篾儿乞惕人来袭，成吉思汗便与札合敢不奋力抗击，并将其击溃。此战过后，土绵秃别干、斡栾董合亦惕等客列亦惕溃散的百姓纷纷前来投靠了成吉思汗。

客列亦惕首领王罕昔日曾与成吉思汗的父亲也速该结为安答，交往甚密。他们互结安答的原因是：王罕因杀害父汗忽儿察忽思不亦鲁黑的弟弟们而遭到他的叔父古儿罕的攻打。王罕被其叔父逼到哈剌温山峡谷后，仅率百余人马逃到了也速该的营地。也速该见他前来求助，便亲率众兵出击，迫使古儿罕败逃合申地区后，将王罕的属民与家财交给了他。由此，二人结成了安答。

在内讧外侵此起彼伏之时，王罕之弟额儿客哈剌，恐遭其兄杀害，逃到了乃蛮首领亦难察罕帐下。亦难察罕借口发兵攻打王

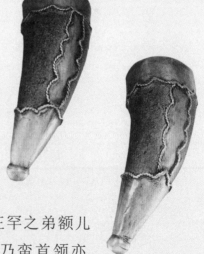

·牛角制品·

MGMS

·草原部落一隅·

罕时，王罕不敌，便弃营逃窜，经三城进而投奔合刺
乞答惕首领古儿罕。不久，又与古儿罕反目，流浪到
委兀惕城、唐忽惕之诸城，一路挤吃羊奶、刺饮驼血，
疲惫不堪地朝成吉思汗而来。当王罕走至古泄兀儿湖
时，成吉思汗念其与父亲也速该的安答之情，派塔孩
把阿秃儿、速客该者温前去迎接。随后，成吉思汗又
亲自赶到客鲁涟河源头迎接疲惫而来的王罕。又念其
受尽疲顿饥饿之苦，安顿在自己的营地里，并从属民
中为他征收实物税供养。这年冬天，成吉思汗携王罕
迁至忽巴合牙过冬。

在一起过冬时，王罕的诸弟弟、诸官长们背着王
罕议论道：

"无能无德的咱这罕兄

心怀歹意不行善事
鼠目寸光的咱这老兄
将毁我家业和性命！
残害过自家兄弟的这家伙
曾向合剌乞答惕乞求庇护
曾使众百姓受尽人间折磨！

这样的人，我们如何是好？七岁时，他曾被篾儿乞惕人掳去，穿着黑花羊皮袄，在薛凉格河不兀剌荒野为

〉阿勒台山〈

　　记述王罕历史，数点王罕种种不是的文字突然出现了。这是耐人寻味的文字。据学者研究，这段文字的历史真相大致如此：王罕的父亲叫忽儿察忽思。忽儿察忽思有五个儿子，即脱斡邻勒（王罕）、额儿客合剌、台帖木儿、不花帖木儿和札合敢不。忽儿察忽思嗣位后，见其诸子不合，将部族拆为若干分配给诸子，指定台帖木儿、不花帖木儿二子继承汗位。王罕和额儿客合剌杀死台帖木儿和不花帖木儿，并自居汗位。为此，王罕的叔叔古儿罕带兵洗劫了王罕。王罕出逃，至蒙古部与也速该结成了安答。之后，也速该出兵将古儿罕赶入西夏后，恢复了王罕的汗位。再后，王罕弟弟额儿客合剌投靠乃蛮部赶走了王罕。王罕无奈，又投奔了也速该。也速该只好再次发兵，驱逐其弟，将汗权再次交给了王罕。1196年，当王罕、成吉思汗联手攻打塔塔儿人之际，其弟额儿客合剌又在乃蛮部的协助下返回并占据了客列亦惕。王罕回来后，与其弟作战不胜，奔走西辽。王罕之弟札合敢不遁入汪古部，后率部归附成吉思汗。王罕在西辽不足一年，又出走畏吾儿、西夏，最后穷困潦倒，前来向成吉思汗求援。成吉思汗将王罕接来后重温父子之盟，并将札合敢不和部众交给他，帮他驱走额儿客合剌，恢复了汗位。

篾儿乞惕人做过苦役。为此，咱罕父忽儿察忽思不亦鲁黑专门发兵篾儿乞惕，将他解救回来。可这家伙在十三岁那年，又和母亲一起被塔塔儿人阿泽罕掳去，为他们放过骆驼。后来又和阿泽罕的牧羊人逃回了家中。再后来，又惧怕乃蛮人而逃至撒儿塔兀勒地区垂河一带，投奔到合剌乞塔惕人古儿罕的帐下。在那里停留一年后，又与古儿罕反目逃走。流窜于委兀惕、唐兀惕等地，过着挤吃羊奶、刺饮驼血的悲惨生活，最后只带着瞎眼海骝马，疲惫不堪地逃到帖木真处，帖木真从其百姓中征收捐税供养了他。如今，他却忘记了流浪的艰辛和帖木真的救济，反而常怀歹意和臭肝……"

　　有位叫阿勒屯阿儵黑的人也参与了王罕心腹们的

在与强敌决战时，成吉思汗颁布了两条重要的战时纪律。这在当时以掳掠为目的的战争中十分罕见。从这两条军令中，我们可以清晰地看出，成吉思汗正在改变战争的目的和加强对军队的统一指挥。有学者认为，这两条军令是成吉思汗重要的建军原则，也是历次战争经验的总结。

这番议论。阿勒屯阿俦黑胆小怕事，又将此番议论原原本本地禀报了王罕，并说："我参与了这番议论，但不忍心背弃你而把听到的所有议论如实地禀报如上。"王罕大怒，立即派人捉拿额勒忽秃儿、忽勒巴里、阿邻太石等参与议论的诸弟弟及诸官员。其中参与者之一札合敢不因有所防备，闻讯逃出，投奔乃蛮部而去。王罕将捉到的诸弟弟集中到一小屋："你们背后议论我，说我如何在委兀惕、唐兀惕地区流浪。你们这些窝囊之徒想要干什么？"说毕，便唾他们的脸，并令在场的所有人向他们的脸上各吐一口唾沫后解去捆绑他们的绳索。

·做工精美的壶·

·石雕像·

是年冬天过后，狗儿年（壬戌、公元1202年）秋天，成吉思汗在答阑捏木儿格一地大战察阿安塔塔儿、阿勒赤塔塔儿、都塔兀惕塔塔儿等劲敌之前，颁布了一条严格的战事军令。其中规定："在讨伐敌人时不准贪图财利而延误战机。因为，敌人被征服后，财物将归我们所有，我们随时都可以处置它。如在战斗中需要后退，兵士们则一定要回到出击时的位置。若有不回者一律处死！"军令颁布后，即在答阑捏木儿格战溃塔塔儿诸部，并追击至兀勒灰失鲁格勒只惕一地后消灭了他们。就在这次征服察阿安塔塔儿、阿勒赤塔塔儿、都塔兀惕塔塔儿、阿鲁孩塔塔儿等众敌，

> 阿勒台山 <

屠杀塔塔儿人一事，不仅事关成吉思汗形象，也直接关系到对成吉思汗的评价。有学者认为，成吉思汗对被征服者施行了灭绝性的处理，为日后蒙古军队大规模屠杀抵抗者开了先河。还有学者认为，成吉思汗根本没有必要也不可能将分布在今以呼伦湖为中心，跨中俄蒙三国的辽阔地域里的数十万塔塔儿人全部召集起来杀死。事实上，成吉思汗虽然说将凡比车轴高的男子斩尽杀绝，但杀死的只是立寨反抗的塔塔儿人。

蒙古秘史

收缴其百姓财物的过程中，阿勒坛、忽察儿、答里台三人违犯军令，只顾掳财而延误了战事。得知此事，成吉思汗派者别、忽必来二人没收了他们所掳取的马群和物品，并严厉训斥了他们二人言而无信、不守军令的行为。

消灭塔塔儿，降服其众百姓后，成吉思汗召集自己的亲族成员就如何处置其家国百姓一事进行商议。商议时大家说道：

> "害我父祖的仇人
> 就是这些塔塔儿人
> 为报我世仇家恨
> 应将其永绝于世！
> 要以车轴当量尺
> 足此度者绝杀之
> 分其妻女与家小
> 当作咱家看门奴！"

这般商议决定后，大家出门散去。塔塔儿人也客扯连见大步走过的别勒古台，问："你们商议了什么话？"别勒古台说："要把你们塔塔儿男人一一用车轴量身，决定将身高超过

· 鳌仰莲花纹金钵 ·

车轴的全部杀掉！"

也客扯连听罢别勒古台所说，便通知塔塔儿众百姓。塔塔儿人遂立起寨子抵抗。为攻破塔塔儿人筑起的这一防御工事，成吉思汗付出了很大的代价，损失了不少兵士。当成吉思汗的兵勇勉强攻战塔塔儿人聚集的寨子，将其一一用车轴量身处决时，塔塔儿人高呼："既然要死，那咱各来一个垫背的！"便抽出藏在袖中的刀子展开了激烈的拼杀。为此，成吉思汗又损失了很多兵勇。

如此这般地将身高超于车轴的塔塔儿男人一一杀绝后，成吉思汗总结道："因为别勒古台泄露了家族商议的秘密，我方兵勇才遭如此损失。从今往后，别勒古台不能参加家族议会。在召开家族议会时，别勒古台负责处理打架、斗殴、防盗等外围事务。待议事结束，宴席开始，别勒古台、答里台才可以进来入座。"

·彩绘陶牵马俑·

在处置塔塔儿人妻女、家小时，成吉思汗将塔塔儿人也客扯连之女也速干纳为妃子。也速干得宠后，对成吉思汗说："大汗恩德宽厚，将会善待于我。我姐也遂

貌美于我，是位堪配大汗的女子。只不知在方才的混乱中逃到了何处？"听罢此话，成吉思汗说道："你姐果真貌美于你，我就派人寻找她。如你姐姐被我找了回来，你愿让出自己的位子吗？""如大汗恩准，找来我的姐姐，我会立即让出这位子！"也速干斩钉截铁。如此说妥后，成吉思汗便下达了寻找也遂的命令。

那时，趁乱逃出的也遂正与其夫婿躲在林子中间。发现有人追寻而来，其男人闻声逃脱，也遂却被我方兵勇抓了回来。也速干见姐姐已来，即按原定说法，起身让出自己的座位，坐到了她的下边。也遂果真如也速干所说貌美无比，成吉思汗便准其坐到了自己的身旁，并给了她夫人的名分。

灭掉塔塔儿各部后，一天，成吉思汗与也遂、也速干二妃在屋外共饮时，也遂忽发一声长叹。成吉思汗顿生疑心，立即传来孛斡儿出、木合黎二位官员，下令道："你二人把集中在这里的百姓按家族一一分开，不得将他人混到别的家族中去。违者斩！"二人照令将百姓们一一按家族分开时，有一年轻男子因无去处而留在了原地。问其为何人时，他答道："塔塔儿人也客扯连之女也遂的夫婿便是我。混战骤起时恐被杀害逃

·奶桶·

到了别处，现在料想战事已休，所以混进了百姓中间。"孛斡儿出、木合黎二人将此情况报告成吉思汗后，成吉思汗说："他冒死流浪在这里，必怀歹意而来！如此歹

〉古出古惕　不亦鲁黑罕〈

古出古惕·不亦鲁黑是乃蛮部首领亦难察必勒格汗的长子。父汗死后，二子不和，导致分裂。次子拜不花继承其父太阳汗（塔阳罕）之位，长子即称不亦鲁黑罕，自成一支。因乃蛮部在亦难察必勒格时期，几次帮助王罕之弟额儿客合剌驱逐过王罕。所以，王罕与之有不可不报之仇。

刁之徒不已比轴而杀了吗？何必多虑，赶紧让他避开我的眼目！"于是，那人性命即被结果。

当成吉思汗忙于征讨塔塔儿诸部之际，获成吉思汗救济的王罕出兵篾儿乞惕，将脱黑脱阿别乞驱赶至巴儿忽真一地后，杀死脱黑脱阿的长子脱古思别乞，缴获脱黑脱阿的忽秃黑台、察阿仑二女及诸妃，掳去脱黑脱阿之忽图、赤剌温二子及百姓时，未将其战利品分给成吉思汗分毫。

在此之后，成吉思汗与王罕联手，出兵乃蛮所属古出古惕·

·凤形金戒指·

不亦鲁黑罕。当联军到达兀鲁黑塔黑一地锁豁黑水时，不亦鲁黑罕不战而退，越阿勒台山逃去。成吉思汗、王罕自锁豁黑水起兵追击不亦鲁黑罕，越过阿勒台，进而将其逼向忽木升吉儿一地兀泷古水下游。恰在此时，敌方哨官也迪土卜鲁黑与联军前哨相遇而逃。联军前哨将他赶上山时，也迪土卜鲁黑因断马肚带而就地被擒。被逼逃向兀泷古水域的不亦鲁黑罕逃至乞湿泐巴失湖后，被追来的联军歼灭精光。

· 三彩摩羯壶 ·

成吉思汗与王罕就此班师返回时，乃蛮部战将可克薛兀撒卜勒黑在联军必经的巴亦答剌黑河之源做好了激战的准备。得此消息，联军迅速摆好阵势，赶到约定的战场。但双方见天色已晚，约好第二天开战，各自就地扎营过夜。夜深人静后，王罕在驻地上点着火堆后，自己却率兵朝合剌泄兀泐河方向退逃而去。

当夜，札木合随王罕一起退逃。路上，札木合对王罕说："帖木真安答自古与乃蛮有来往。所以，今夜未与我们一起行动。

可罕，可罕，我乃
如同恋巢的白翎雀
不会飞离老巢般的您！
帖木真安答却像
惯于翻飞的鸟雀
飞来飞去反复无常！
如今他已有另算
或许投奔乃蛮部！"

走在一旁的兀卜赤黑台之好汉古邻深觉札木合所言不妥，便说："你瞎诌什么？为何在好兄弟之间谗言离间呢？"

当晚，成吉思汗宿于战地。次日起来才发现王罕驻地已是空空如也。"留下我们，自己却溜走了，想要牺牲我们？"成吉思汗立即动身，经额埕儿、阿勒台谷口，马不停蹄地前行至撒阿里之野后才下马休息。一路上，成吉思汗、合撒儿二人虽然深深地了解了乃蛮人大概情形，但未向任何人透露丝毫。

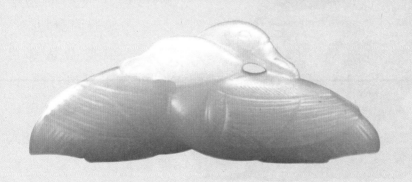

·交颈鸿雁玉佩·

备战当夜，乃蛮战将可克薛兀撒卜勒黑发现对方趁夜退逃，便起身追去。被追击的一方，不是别人，而恰为王罕一部。可克薛兀撒卜勒黑在追击王罕的行程中掳取

〉小故事〈

　　王罕的脱身之计未能奏效，反而使自己陷入了绝境。这样，他又一次向成吉思汗伸出了求援之手。成吉思汗不计前嫌，立即派出军中四杰，帮助王罕击溃乃蛮，为他夺回了财产和牲畜。这充分表现了成吉思汗的大度和义气，也表现了他深谋远虑的领袖风采。

了王罕之子桑昆的妻女、家小与百姓财物，又将王罕追赶至帖列格秃山口，

·石雕·

掳得百姓马群、食物大半后，才扬长而去。趁此混乱，随王罕前行的脱黑脱阿的两个儿子忽图、赤剌温带着所属百姓，离开王罕，顺薛凉格河下行，回到了父亲脱黑脱阿身边。

　　王罕被乃蛮部可克薛兀撒卜勒黑打败后，派遣使者对成吉思汗说："我已被乃蛮人掳去了妻女、家小与财物。望好儿你派来军中

蒙古秘史

四杰，帮我夺回妻女、家小与财物及百姓。"成吉思汗立即派孛斡儿出、木合黎、孛罗忽勒、赤剌温等军中四杰整军出发，增援陷入困境的王罕。前去增援的军中四杰与所

·鼻烟壶·

率人马行至忽剌安忽惕一地时，正遇因战马受伤而险些被敌方擒获的桑昆一部，便帮其激战，救出了他的妻女、家小，夺回了被掠去的财物。见此情景，王罕感激不已："昔日，帖木真的好父亲也曾为我收复过失地与属民。如今，我儿帖木真又派四杰英雄，拯救了我濒于灭亡的家国。此恩此德何以回报？愿天地之神保佑我们！"

接着，王罕又说：

"好安答英雄也速该

曾为我收复过

失去的土地与散去的百姓！

他的长子好儿帖木真

今来拯救我

将要破碎的家国与妻儿！

二人与我肝胆相照

危难之际见真情

这般苦心，如此关怀
为了谁，又为了什么？
当年逾古稀的老汉我
身靠万里青山
头枕大地草木
安详万分地归天之后
谁来主管我的家国山河？
当颠簸一生的王罕我
离开这哈那架起的小屋
进住那修于荒地的石屋
将我一生守护的家国
交由谁来看护与管理？
虽有亲兄亲弟一群
却为无德无能一帮

·出行图（局部）·

〉桑昆〈

桑昆，王罕之子。在蒙古部与客列亦惕部的联盟关系中，桑昆是最反对成吉思汗的人。这可能与札木合等人的挑唆有关，桑昆也可能有其他的考虑。旨在消灭成吉思汗的合阑真沙陀之战是在桑昆的极力主张下打响的。几经较量，桑昆败逃，最后众叛亲离，先后逃亡西夏、吐蕃，在今新疆库车一带被杀。

不仅品行不正又歹刁

常惹麻烦却无远虑！

只有儿子桑昆还算可以。但他是独生子，没有帮他、教他的伙伴。趁我健在，就让帖木真做我儿子桑昆的长兄吧。这样，我就有了两个儿子，将来也就放心了！"于是，成吉思汗与王罕会合于土兀拉河畔的密林里举行了结为父子的仪式。因为，王罕早年曾与帖木真的父亲也速该结过安答之谊，所以，成吉思汗一直将他当作父亲看待。结为父子的缘由即为这般。

结为父子后，他们相互许愿道：

"在讨伐敌人的时候

我们要一起去战斗

在猎杀狡兽的时候

我们要并肩去呼号！"

成吉思汗与王罕相互又说道：

·龙首柄银杯·

"如有人毒蛇般地

离间我们相互间的友情

要彼此不疏远

面面相觑而清除其毒害！若有人齿蛇般地

挑拨我们之间的亲密情谊

要彼此不生疑，相互说明而澄清其原委！"

二人如此相盟相约，建立了更加亲密的关系。

之后不久，成吉思汗为了巩固和加深与王罕的亲密关系，想将桑昆之妹

·铜钵·

察兀儿别乞聘与自己的长子拙赤，将自己的女儿豁真别乞嫁与桑昆之子秃撒合，以此建立血肉之盟。当成吉思汗派人向桑昆转达此意时，桑昆妄自尊大地说道："我方女儿要嫁到他家，只能站在门旁服侍他们；而他方女儿到我家，则可坐于上方接受服侍。"便以该婚事不平等为由，出言辱说一番后拒绝了回去。成吉思汗由此对王罕、桑昆二人产生了反感。

札木合得知成吉思汗与王罕之间产生裂缝后，于猪儿年（公元1203年）春，便与阿勒坛、忽察儿、合剌乞答

> 小故事 〈

《蒙古秘史》研究专家札奇斯钦先生说："桑昆这一句话，按蒙古穹庐的构造，门向东南开，室内北面正中与门相对处是主人座位。离门不远的左边是年辈身份较低者谒见长亲或长官时站立的地方。桑昆这句话的意思就是我们亲人到他家去做仆婢；他们亲人到我家来做主人。"事实上，在氏族间的婚姻中并不讲究辈分之差，只是桑昆反对此桩婚事而已。

蒙古秘史

惕之额不格真、雪格额台、合赤温别乞等谋合后，迁
到者者儿山脚别儿客额列惕一地，一起走到幼稚的桑
昆那里。札木合对桑昆说："我安答帖木真与乃蛮之
首塔阳罕早有信使往来。他这人：

虽在口头上
大说父子情
但在内心里
怀有大野心！

还在信赖他吗？若要迟了，结果不堪设想。你们如果
出征帖木真，我可从侧翼出兵协助！"

　　札木合话音刚落，阿勒坛、忽察儿二人接着又说道：
"我们帮你

除掉诃额仑夫人的孩子们
斩杀其当哥的
绞死其为弟的！"

　　听罢此话，合剌乞塔惕之额不格真急
忙插嘴道："我去为你

绑住他们的双手
捆上他们的双腿！"

　　一阵煽风点火后，脱斡邻勒若有
所思地说道："想尽办法
夺取帖木真的百姓。若
要失去百姓，他就会奈何
不得我们了！"听此妙计，合赤温
别乞又说道："为桑昆你的前程和大业，

·提梁青铜匜·

〉吃 "不兀勒札儿" 〈

吃 "不兀勒札儿" 是蒙古族古老的习俗之一。"不兀勒札儿" 是动物的颈喉部，因其骨骼结构复杂，连接紧密而被用来象征婚姻的牢固。所以，在结婚仪式上通常让新婚夫妇共吃羊脖骨。

我愿走到路之尽头，跃入水之深底！"

幼稚无能的桑昆，派名叫撒亦罕脱迭延的心腹，向王罕父亲做了详细的汇报。王罕仔细听完所报情况后，对来人说："对我儿帖木真，不应怀有这种想法。如今，我们家国的安宁靠的是帖木真的帮助，如果对他产生这种歹念会惹怒苍天的。札木合是个挑拨离间的行家，他的话既不牢靠，也不可信！"王罕没有同意桑昆的主意。桑昆颇感不解，又派一人前来说道："一个大活人说的话，父亲怎么就听不进去呢？"但王罕还是没有听信他的话。几经来回，桑昆觉得父亲过于固执，不能再派他人前去劝说。所以，只好自己动身前来面见父罕。"如今，你还活着，他已不把我们放在眼里。万一你呛于白奶、噎于肥肉呜呼归天后，他还能让我们左右这忽儿察忽思不亦鲁黑罕祖艰辛创立的家国江山吗？"王罕仍是不肯，说："怎能加害自己的孩儿呢！帖木真儿的确在

·纳石失织金锦箭囊·

全力辅佐我们，如果我们再去加害他，苍天会怒斥我们的！"桑昆听罢，

·龙纹琉璃滴水·

懊恼之极，摔门而去。王罕看着儿子的尴尬无奈，心头一软，又把他叫回来说道："因怕惹怒了苍天，所以未肯而已！你若有本事，就请自便好了。"

　　桑昆回到营地后，对手下说："前些日子，他们不是向我们的察兀儿别乞提亲吗？现在可以指定时日，叫他们过来吃"不兀勒札儿"，趁机将他们一一拿下！"桑昆们定下计谋后派人通知成吉思汗："愿将察兀儿别乞嫁给你家，前来吃不兀勒札儿吧。"成吉思汗得此消息，携手下十人前往王罕住地。途中，在蒙力克老父家过夜时，蒙力克老父提醒说："前不久，我们向察兀儿别乞提亲时，他们因看不起我们而拒绝了这门亲事。如今突然邀请你去吃不兀勒札儿，这事有些奇怪。方才

> 小故事 〈

　　这里出现的阿勒坛，便是积极推举过成吉思汗的，后因违犯军令而被查处过的阿勒坛，是成吉思汗的本家叔叔。所以其弟也客扯连也应该是成吉思汗的叔叔了。这个也客扯连和也遂、也速干夫人之父亲阿鲁孩塔塔儿的首领也客扯连是完全不同的两个人。

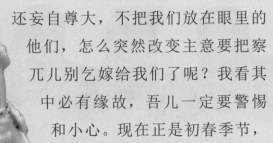

·卵白釉戏球狮·

还妄自尊大，不把我们放在眼里的他们，怎么突然改变主意要把察兀儿别乞嫁给我们了呢？我看其中必有缘故，吾儿一定要警惕和小心。现在正是初春季节，我们的马群还很瘦弱。可拿此作借口，说待马群肥壮之后前去订婚，较为妥当。"

成吉思汗接受了蒙力克老父的建议，放弃亲自前往的计划，改派不合台、乞刺台二人前去吃不兀勒札儿，自己却从蒙力克那里返回家中。桑昆们见只有不合台、乞刺台二人前来吃不兀勒札儿，顿觉不妙，便紧急商议决定："因计策已被识破，明日一早就发兵围捕！"

听到发兵围捕的消息，阿勒坛之弟也客扯连回家后，对其老婆说道："现已决定明日一早去围捕帖木真。若有人把此事告知帖木真，帖木真将为其舍出一切的！"闻听此言，其妻说道：

由于成吉思汗注意争取人心，因此不仅军队战斗力强，还得到了普通百姓的支持，这些人甚至会冒着生命危险给成吉思汗通风报信。正是这种支持，使成吉思汗躲过了一次又一次的灾难。

"此话怎能乱说！旁人听后当真了怎么办？"说来也巧，夫妻二人的对话，正被送鲜奶来的牧马人巴歹听见。巴歹回到住处后，将也客扯连方才的话告诉了一同放马的伙计乞失里黑。乞失里黑说："我去了解一下！"便直至也客扯连家。乞失里黑到来时，也客扯连之子纳邻客延正坐在包外磨着箭镞，见乞失里黑过来，严厉地说道："方才我们都说什么了？要管住舌头，闭住嘴巴哟！"接着，纳邻客延向牧马人乞失里黑吩咐道："去抓来篾儿乞歹白马和白口枣骝马，并系到马桩上过夜，准备明日一早出发！"

乞失里黑急忙回到住处，对巴歹说："你方才说的话属实。我俩这就给帖木真送信去！"二人如此约好后，便抓来篾儿乞歹白马、白口枣骝二马系于大帐之外。当夜，二人又杀一羔羊，

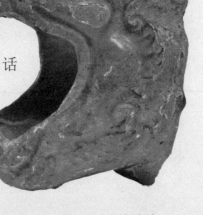

·琉璃螭首·

点燃毡子将其煮熟后骑上篯
儿乞歹白马和白口枣骝马，
连夜向成吉思汗营地急
驰而去。巴歹、乞失里
黑到成吉思汗营地后，
从成吉思汗帐房后面，
大声复述了也客扯连所
说的话和其子纳邻客延
磨箭镞的情况及派他们抓
回篯儿乞歹白马与白口枣
骝二马等全部情况。二人
接着又说道："望成吉思汗
明察，我们二人所说句句属
实。他们确实已决定前来围捕
您了！"

· 白釉剔花梅瓶 ·

卷六

〉合剌合勒只惕〈

合剌合勒只惕，通常叫合阑真沙陀，在今内蒙古锡林郭勒盟东乌珠穆沁旗北部中蒙交界一带。卯温都儿山、忽剌安不鲁合惕均在此附近。

听完巴歹、乞失里黑的一番话，成吉思汗便通知身边的部下亲朋弃下行囊连夜轻装出发了。队伍越过卯温都儿山阴后，成吉思汗将兀良合歹人者勒篾作为后哨留到卯温都儿后，率领队伍继续前行。队伍马不停蹄地前行，至翌日正午日斜时分赶到合剌合勒只惕歇息。歇息时，阿勒赤歹的马倌儿赤吉歹、牙的儿

·铜器皿·

·民族用品·

二人利用间歇时间择草放马间突然发现了顺卯温都儿山脚，经忽剌安不鲁合惕直追而来的敌方人马扬起的满天飞尘，便急忙赶回马群报告情况。

得此报告，大家顺向望去，果真在卯温都儿山前的忽剌安不鲁合惕一带翻滚着满天的灰尘。成吉思汗仔细观察那翻滚的灰尘之后，断定是王罕的追兵，便令队伍立即驮好行装急速前行。如果未能及时发现敌方扬起的灰尘，其结果是不堪设想的。翻起满天灰尘急追而来的不是别人，正是王罕与札木合率领的队伍。行间，王罕问札木合："在帖木真儿的队伍中谁能与我们战斗？"札木合答道："如今，兀鲁兀惕氏众和忙忽惕氏众在跟随帖木真，想必他们将与我们战斗。

善用迂回战术
惯于冲锋厮杀
善用多变战法

> 兀鲁兀惕氏、忙忽惕氏 〈

兀鲁兀惕氏、忙忽惕氏，原属札木合管辖的两个蒙古部族，其首领分别是主儿扯歹和忽亦勒答儿。十三翼之战后脱离札木合，投奔成吉思汗。据《蒙古秘史》所述和学者研究，此战打响时，成吉思汗身边除了少量护卫外，只有这两个部族的战斗力量。

札木合这个人简直是个谜！是他毁了与成吉思汗的安答关系，是他发动了消灭成吉思汗的十三翼之战，是他煽动桑昆，挑起了这场借他人之力消灭成吉思汗的战争。可是，他又在这占有绝对优势，有把握灭掉成吉思汗的情况下，干出了一件令人难以理解的事情。莫非他真的看出了王罕的无能和将来的结果？还是长生天在保护成吉思汗？

乐于猛力扑杀
挥舞黑白花旗的
那群狡黠的百姓
自幼喜爱博斗
今已练就铁身
如此勇猛之众
你须小心才是！
王罕听罢札木合的

介绍，立即排兵布阵道："若是那样，我们以合答黑吉为首的只儿斤勇士为先锋前去冲杀，其后派土绵土别干氏阿赤黑失仑们继而冲击，其后再派斡栾董合亦惕的诸勇士去接着进攻。再后，由豁里失列门太石率我千名近卫攻击前行，最后派我方主力与他们决战！"接着，王罕又对札木合说："札木合弟，我方军队由你指挥吧！"

听毕王罕的作战部署，札木合借故走到一旁，对自己的部

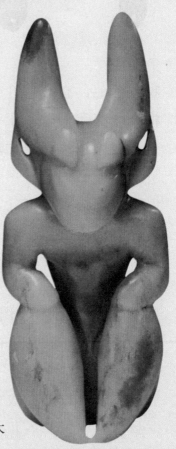

·北方民族史前玉石雕刻·

M G M S

·传统佩饰·

下说道："王罕叫我指挥他的军队。作战厮杀，我本来就不敌帖木真安答，如今他却要我指挥他的军队。看来王罕这人不仅是无能之辈，而且也是个不能久交之流。派人给帖木真安答消个信吧，愿安答他能够挺住！"于是，札木合秘密向成吉思汗派人说道："王罕问我，在帖木真儿的队伍中有谁能与我们战斗？我告诉他，有兀鲁兀惕、忙忽惕为首的可怕的勇士们将会迎战我们。王罕根据我的这番话，安排只儿斤部勇士为先锋进行第一轮冲击；其后安排土绵土别干氏阿赤黑失仑们进行第二轮冲击；其后安排斡栾董合亦惕诸勇士进行第三轮冲击；再后安排豁里失列门太石率领的千名近卫进行第四轮冲击；最后安排王罕的主力与你决战。除此以外，王罕还叫我指挥他的全军。由此看来，王罕是个平庸简单的人，他没有能力指挥自己的军队。过去作战时，我从来没能胜过帖木真安答，而王罕的本事还不如我。所以，安答你不要畏惧，一定要挺住！"

得此密报后，成吉思汗说："兀鲁兀惕氏主儿扯歹叔叔有何打算？可否派你作先锋迎击敌人？"没等主儿扯歹回话，站在一旁的忙忽惕氏忽亦勒答儿薛禅急忙说道："我来做帖木真安答的先锋去迎击敌人。身后留下的孤儿们就拜托帖木真安答照顾了！"主儿扯歹也接着说道："我们兀鲁兀惕、忙忽惕来做成吉思汗的先锋，去与敌人厮杀！"如此决定后，主儿扯歹、忽亦勒答儿二人立即集结兀鲁兀惕、忙忽惕的勇士们，做好了迎击的准备。就在这时，只儿斤率领的敌方先锋冲了过来。待他们冲到阵前时，主儿扯歹、忽亦勒答儿发兵迎击，一举歼灭了敌方先锋。紧接着，土绵土别干部阿赤黑失仑又冲了过来。激战中，阿赤黑失仑刺伤忽亦勒答儿，使其从马背上摔了下来。见此状况，

· 引马图 ·

忙忽惕勇士们立
即退回来掩护忽亦勒答
儿。主儿扯歹则率领兀鲁兀惕
勇士们击溃土绵土别干，并继续进
击时，遇到了斡栾董合亦惕的迎面冲击。主儿
扯歹击溃斡栾董合亦惕后，接着又击溃了迎面
冲来的豁里失列门太石率领的千名近卫。见此
情景，桑昆未经其父王罕的允许，擅自率兵出战，
结果颧骨中箭摔下马来。见桑昆中箭摔下马来，
客列亦惕人全部聚集到了桑昆身边。

　　如此这般击溃敌人，当夕阳西下时，成吉思
汗的队伍将受伤的忽亦勒答儿从摔下的地点接来
之后，成吉思汗便率军当夜离开了与王罕激战的
地方。到别处宿营。

· 缠丝凤钗 ·

　　第二天拂晓时，成吉思汗点视队伍，
结果发现不见斡歌歹、孛罗忽勒、孛斡儿出三人。见此，
成吉思汗说："斡歌歹，与其心腹孛斡儿出、孛罗忽
勒二人落在了后面。无论活着，还是死去，他们二人
不会离开斡歌歹的。"当夜，我军备马而睡。这是根
据成吉思汗："若是敌人袭来以便迎击"的指令特意
安排的。

　　拂晓后，有一人从后面赶了过来。走近一看，原
来是孛斡儿出只身一人走了回来。"愿长生天做主吧！"
成吉思汗见孛斡儿出独自回来捶胸大呼，并急忙将其
叫到身边问话。孛斡儿出回答道："在战斗中我的战

马中箭摔倒了。
当我徒步奔跑时
客列亦惕人聚集
到了桑昆身边。
趁他们混乱之际，
我抓了一匹惊驮

〉答阑捏木儿格〈

答阑捏木儿格是成吉思汗战败
仇敌塔塔儿部的地方，在今蒙古国
东方省讷木勒格。从学者研究成果
看，成吉思汗并未追击王罕的军队，
而是急速撤到了此地。

之马，并割断驮子后骑到驮架上一路追寻而来。"

少顷，又一骑马的人从远处走了过来。看上去，
虽是一人骑在马上，但好像又有一双腿在马肚旁边耷
拉着。走近一看，原来是孛罗忽勒将斡歌歹抱在马背
上赶回来了。而且，从孛罗忽勒的嘴角里还不停地流
着鲜血。原来，在激战中斡歌歹的颈部中箭受伤，孛
罗忽勒将其凝固的血块用嘴吸着抱了回来。成吉思汗
见此情景流下了伤心的眼泪，便疾命燃起旺火，为斡
歌歹烙好伤口后又给他喝了些水，并为防范尾随之敌
做好了战斗准备。这时，孛罗忽勒报告说：
"敌人已撤退了，他们已从卯温
都儿山前向忽剌安不鲁合惕方
向扬着长尘退去了。"成吉思
汗听罢孛罗忽勒的报告，立即决
定道："若是敌人尾随
而来，我们就
迎击他们。如
今他们撤退了，
那我们就集合队伍

· 瓷围棋子 ·

· 双鱼纹铜镜 ·

去追击他们！"于是，成吉思汗率领军队，向浯泐灰湿鲁格泐只惕方向进发。在途中到达了一个叫答阑捏木儿格的地方。

成吉思汗率军刚到此地，合答安答勒都儿罕也抛下他的家人来投奔了成吉思汗。合答安答勒都儿罕随即向成吉思汗讲述了对方的动静和王罕的言行："当他的儿子桑昆颧骨中箭摔下马背后，王罕急忙走过来说道：

　为了伤害他人
　执意挑起战事
　为了祸害他人
　惹起这场干戈
　未能靠近对方身边
　却使自己颧骨中箭！
　可惜呀
　为报爱儿一箭之仇
　快前去冲杀！'

听王罕如此言语，站在一旁的阿赤黑失仑急忙阻止道：

　'可罕、可罕，切莫心急

为了寻找失踪的桑昆
自你本人乃至大家
心急火燎四处奔走
呼天喊地伤心欲绝
泪水浸透了衣襟
才在这里找到了他！
所以
冲杀之事暂放一边
先为桑昆养伤调身才是！

蒙古部的大部分，札木合、阿勒坛、忽察儿等都在我们这里。随帖木真逃去的少许蒙古人能跑多远？现在，他们已经成了只马单骑、依树遮阳的无家可归之徒。他们如不来归顺，我们前去将他们如拾马粪，襟裹而来。'王罕听罢阿赤黑失仑这番话，便改变主意，说道：'那好！先为桑昆疗伤。切记，要好好侍候，不得有

·奔马图案（壁画）·

半点闪失！'并下令收兵，撤出战场回去了。"

成吉思汗决定从答阑捏木儿格向合勒合河下游移动，并在临行前清点人马时发现所率队伍仅有二千六百人。于是，成吉思汗率领其中的一千三百人向合勒合河以西方向走去。剩下的一千三百人则与兀鲁兀惕、忙忽惕一起沿合勒合河东侧移去。在行军途中，常以狩猎充其食物。狩猎时，伤口未愈的忽亦勒答儿，因不听成吉思汗的劝阻，前去追杀野兽，伤口崩裂而死。成吉思汗将其尸骨埋葬于合勒合河岸边的斡而讷兀山中。

·彩绘盅碗舞陶俑·

在合勒合河流入贝尔湖的入口处居住着惯于流浪迁徙的翁吉剌惕百姓。成吉思汗得知情况后说道："他们翁吉剌惕人有一自古流传的口头禅，说是生而活着靠的是外甥之俊貌、女人之美色。我们就引此话题前去

〉小故事〈

成吉思汗的军队人数为什么如此之少？学者研究认为，这不仅与他的突然转移有关，更主要是与他改变蒙古汗权的传统性质有关。由于，他把原有部落联盟首领性质的并无绝对统治权的汗位改变成为一套金字塔式的汗权专制的统治机构。因此，被削弱或失去了原有政治权力的贵族首领们纷纷脱离了成吉思汗。

〉忽亦勒答儿〈

忽亦勒答儿是危难时刻挺身而出的人，所以，成吉思汗在狩猎度日的艰辛之中妥当地安葬了他的尸骨。在早期蒙古族的丧葬习俗中主要有野葬和土葬等。野葬是将死者用白布包裹好后，选定日期，用车接至荒野卸下尸体，交给大自然。土葬也是蒙古人很早以前就实行的丧葬习俗。与其他民族和地区不同的是"其墓无冢，以马践蹂，使如平地"。火葬是随着藏传佛教的影响进入蒙古地区的。

劝降，想必愿意归顺我们的。若要反抗，就去攻打他们！"于是，派以主儿扯歹为首的兀鲁兀惕人前去招降。翁吉刺惕人就地归顺。成吉思汗对归顺的翁吉刺惕非常仁慈，未动其一草一木。

待翁吉刺惕归顺之后，成吉思汗率人马迁到统格黎溪东侧下营。其间派阿儿孩合撒儿、速格该者温二人到王罕住地，向王罕捎话说："我们在统格黎溪东侧下营休整。这里水草丰美，我方战马正在长膘。今需向父罕禀告如下：不知父罕因何发此大怒，因何如此将我惊吓？究竟为何吓得您骨肉般的孩儿与儿媳们心惊肉跳，夜不能寐？

为何怒摇我那
风雨飘摇的床铺？
为何吹散我那
袅袅上升的炊烟？

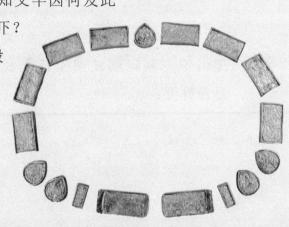

·金带饰·

·蒙古侍卫陶俑·

又为何害得我

家无宁日、胆战心惊？

罕父啊！我的罕父！

您为何听信那

心怀歹意之徒

离间挑拨的话？

罕父须要明察

必有恶人谗言

离间我们之间的情分！

罕父啊，我们曾经是如何说好的？就在勺而合勒
浑山下忽剌阿纳兀惕土丘上我们是如何说好的呀？不
是说好要：

如有人毒蛇般地

离间我们相互的友情

要彼此不疏远

两人相见而清除其毒害！

如今，罕父您为什么不等两人见面就下起了毒手？

我们不是说好：

　　若有人齿蛇般地
　　挑拨我们亲密的情谊
　　要彼此不生疑
　　双方相说而澄清其原委！

　　如今，罕父您为什么不等相互澄清就迈起了疏远之步？罕父啊！我虽寡少，但胜似势众地，虽然弱薄，但胜似强健地支持过您，辅佐过您！一侧车辕如果断了，黄牛怎能将其拉着前行？我不正是那辆牛车的一辕吗？一侧车轮如果坏了，那辆车又怎能独轮前行？我不正是这辆车的一个轮子吗？

· 青铜雕鱼龙小刀 ·

　　昔日，您作为忽儿察忽思不亦鲁黑罕四十个儿子中的长子继承了您父亲的罕位。您继承罕位后害死了台帖木儿、不花帖木儿二弟弟。之后，您的弟弟额儿客合剌怕您又下毒手，跑到了乃蛮部亦难察必勒格罕的帐下。为惩罚您残害骨肉的罪孽，您的古儿罕叔叔带兵前来讨伐时，您仅带百余人仓皇逃出，顺薛凉格河而行，进而躲进了合剌温山峡谷。为走出困境，您讨好篾儿乞惕之脱黑脱阿，把女儿忽札兀儿兀真嫁给了他。您走

〉合申地区〈

　　合申地区，即河西地区，是指西夏疆域；撒儿塔兀勒，是当时蒙古人对信奉回教的中亚、西亚人的总称：委兀惕，即畏兀儿；唐兀惕，即为西夏国。

·兽钮金印·

出合剌温山峡谷后，前来找我的也速该罕父，并乞求他帮你夺回被古儿罕叔叔抢去的江山。我的父亲也速该为给您夺回那失去的江山，派泰亦赤兀惕勇士忽难、巴合吉二人率军出发，在忽儿班帖勒一地打败古儿罕，迫使他仅带三十三人逃往合申地区，从而为您夺回了您的家国江山。那时，在土兀剌河边的密林中，您与我父亲也速该罕结成了安答。为此，您感恩之极地对我父亲说道："此恩大如天地，必将永世不忘地报答它，若不报答天诛地灭！"后来，您的弟弟额儿客合剌借乃蛮部亦难察必勒格罕的军队前来征讨您时，您弃下家国百姓，只与几个手下逃到了合剌乞答惕之古儿罕的地盘撒儿塔兀勒附近的垂河一带。

在那里，您不到一年就背叛古儿罕，流浪到委兀惕、唐兀惕等地方。您一路流浪，过着挤吃羊奶、刺喝驼血的辛酸生活，朝我父亲也速该走来。我的父亲也速该闻您一路坎坷而来，念起昔日结为安答的情谊，派塔孩、速客该二人前去迎接。而我也从客鲁涟河岸的不而吉额儿吉出发，赶到古泄兀儿湖亲自迎接了您。又念您一路劳顿，衣食无着，我特意加征税赋来赈济您。

同时，为延续您与我父亲之间的安答情谊，在土兀剌河边的密林中我们又结成义父子，并且将您请到我的营帐中过冬。我们一同住到第二年的秋

天，入秋后，我们出兵征讨篾儿乞惕部脱黑脱阿别乞，在合迪黑里黑岭木鲁彻薛兀勒一地展开激战，迫使脱黑脱阿别乞败逃巴儿忽真后，将掠得的百姓、马群、营帐及田禾等都送给了罕父您一人。因此，可以说：

在您落魄饥饿的时候
是我伸手赈济了您
在您孤立无援的时候
是我挺身帮助了您！

还有，我们经兀鲁黑塔黑山莎豁黑水，越过阿勒台山追击古出古儿台部不亦鲁黑罕，并追至吾笼古河后，在乞赤泐巴石湖边将其捉杀。自那返回时，乃蛮战将可克薛兀撒卜勒黑，在我们必经的拜答剌黑河河谷布下兵马，做好了截击的准备。得此消息后，

·青花瓷瓶·

我们二人立即集合队伍前来与之战斗。但因天色已晚，双方约好翌日再战后，各自下营休息。当夜，罕父您在驻地上点着许多火堆后，独自撤出战场，向合剌泄兀勒退去。第二天早晨，我们才发现已被您无情地抛弃了，就像那被您抛弃的一堆堆篝火！所以，只好背弃交战的诺言，经额迭儿阿勒台之会合处，退至撒阿里沃野下营。这时，乃蛮战将可克薛兀撒卜勒黑追您而去，掳尽您儿桑昆的妻女、百姓及财物，进而又把您追到帖列格秃之口，掳去您一部分百姓和牲畜。随您撤退的篾儿乞惕部脱黑脱阿之子忽都、赤剌温二人又趁机率其百姓丢下您向巴儿忽真方向寻其父亲而去。于是，陷入困境的您派人向我求助道："乃蛮战将可克薛兀撒卜勒黑掳去了我的百姓与财物。望吾儿速派手下四杰救助！"我不计较您弃我而去的前嫌，立即派我孛斡儿出、木合黎、孛罗忽勒、赤剌温四名爱将率兵出发。我的四杰尚未到达前，您儿桑昆在忽剌忽惕一地的混战中，由于战马受伤即将被敌人活捉之际，我的援兵不仅及时赶到救出了桑昆，而且又为他夺回了已被掳去的妻女、百姓及牲畜。那时，罕父您感慨不已地说道："吾儿帖木真派来四杰，为我

· 蝴碟摩羯纹瓜棱提梁水注 ·

夺回了失之将尽的家国江山！"如今，我不知做错了什么，让您如此大怒不止？请您派忽巴里忽里、亦都儿坚二人来告我个中缘由。如不派此二人，则另派他人亦可！"

王罕听罢成吉思汗捎来的这番话，悔恨地说道：

"唉！
是我背弃了好儿帖木真
也毁了我家族江山之名声
是我背离了好儿帖木真
也闯下了败我家业之祸端！

从今以后，我若对好儿帖木真再怀恶意，就让我的血如此地流淌吧！"便拿起刀子扎破小指头，将流出的血滴进一小木盒后递给阿儿孩合撒儿、速格该者温二人，说："把这送给我儿帖木真！"

成吉思汗在向王罕派人捎话的同时，向札木合捎话道："你心怀不轨，用卑鄙的手段离间了罕

〉小故事〈

札奇斯钦先生在解读这段文字时写道："按古代蒙古习俗和萨满教的信仰，认为流血而死，其灵魂必受痛苦。故元代皇族被处死者，多不流其血。即使是在今日，'流血而死'一语仍是一种可怕的诅咒。"这是极为精确的解读。

· 白纛 ·

·白釉铁锈花罐·

父和我。昔日，我俩住在罕父家的时候，谁起得早谁就能用罕父的青盅喝酸牛乳。因我起得早，总能用那青盅喝上酸牛乳，你是否因此而忌妒于我？如今，在罕父身边就你自己了，请尽情地享用那青盅吧。看你能喝多少！"

与此同时，成吉思汗又向阿勒坛、忽察儿派人捎话道："你们二人已弃我而去！是否想要造反起事？还是想借刀杀人？忽察儿你听好了，我曾经念你为捏坤太石之子，立你为罕时，你力辞不从。再说阿勒坛你，你的父亲忽图剌罕掌管我们蒙古时，你曾帮他料理过事务。所以，我们大家推举你作罕时，你没有答应。还有撒察、泰出二人。考虑到他们二人为蒙古勇士把儿坛之后，辈分长于我们而我曾

〉青盅〈

青盅，原文为'阔阔充'，旁译是'青盅'，研究者认为，这可能是从汉地进入蒙古地区的酒具。由此可见，在当时中原地区与蒙古地区间的商贸往来已是非常频繁了。本图是从内蒙古乌兰察市征集到的蒙古汗国宫廷使用的饮酒器皿。

蒙古秘史

力劝他们当蒙古之罕。可他俩又一一回绝了我。你们一个个不肯出来掌管蒙古之事，反而把我推到前台，叫我作了罕。之后，不仅不相济共事，而且还来坏害于我。如果，是你们当了蒙古之罕，我将会：

在那对敌的沙场上
冲锋杀敌走在前
在那苍天的保佑下
誓将顽敌尽征服！
掳来美女一群群
献给我那蒙古的罕
夺来骏马一匹匹
献给我那高贵的主！
如到林中猎狡兽
我将驱来供你射！
如到山上围狡兽
我将逐来供你猎！

如今，事已至此。望你们诚待我罕父。都说你们是反复无常之辈，望你们再不要背叛我的罕父。可要知道，你们是我这札兀惕忽里（当年大金丞相完颜赐给成吉思汗的封号）的家族血亲，要守

·淮海等处义兵千户所·

〉三河之源的土地 〈

这里所说的"三河之源的土地"，就是斡难河(即鄂嫩河，黑龙江上流石勒喀河的支流，流经今蒙古国肯特省和俄罗斯赤塔州境内)、土兀剌河(即鄂尔浑河支流图勒河，流经今蒙古国中央省和乌兰巴托市境内)、客鲁涟河(即克鲁伦河，流经蒙古国肯特省、东方省和中国内蒙古呼伦贝尔市境内注入呼伦湖)源头地区。是成吉思汗的祖先孛儿帖赤那渡水而来落脚的地方。通常说，这里就是蒙古人的兴起之地。

好三河之源的土地，勿让他人抢占而去！"

同时，成吉思汗还向脱斡邻勒弟弟捎话道："今我称你为弟是有原因的。早年时，我的家祖先人屯必乃、察剌孩领忽打仗归来时抓来一个名叫斡黑答的家奴。斡黑答家奴的儿子是速别该，速别该家奴的儿子是阔阔出乞儿撒安，阔阔出乞儿撒安家奴的儿子是也该晃塔儿，也该晃塔儿家奴的儿子便是你脱斡邻勒家奴。如今你妄想抢占谁的部众？又欲霸占谁之家国而如此谄谀？阿勒坛、忽察儿二人决不会让他人掌管我的家国与百姓的。这便是我称你为弟弟的缘由！

如今念你是
我高祖家奴传下的后裔
才把如此真切的话

·荷花纹高足金杯·

托人捎给了你！

如今念你是

我曾祖家奴传

下的后代

才把如此贴心的话

托人捎给了你！"

除此以外，成吉思汗还
向桑昆派人说道："我本是着衣

·花瓣帽·

而生的孩子，而你却是裸身而生
的孩子。罕父对我俩同样慈爱。为此，桑昆你忌妒不已，
倾尽所能地离间我们，终于从罕父身边赶走了我。如
今你已独享父恩，但望要好好照顾他，别让他分心焦虑，
别让他忧心劳身，时常要多来看望关心，以慰其衰老
的心灵。你要记住曾经的诺言，在罕父还健在的时候，
不要为取其罕位而折磨他老人家。桑昆安答，请你派
必勒格别乞、脱朵延二人前来我处！"

〉小故事〈

在这里，成
吉思汗把向对方
传达的意图，让
使者背牢后前去
口述的。这一细
节，可以让我们
断定，当时的蒙
古社会，还可能
处在没有文字的
时代。

其后，成吉思汗令阿儿孩合
撒儿、速格该者温二人背牢上述
所言，派往各处通知道："请罕父、
桑昆安答、札木合安答、阿勒坛、
忽察儿、阿赤黑失仑、合赤温各
派二人前来洽商。"

桑昆听罢成吉思汗捎来的话，
便说："刚才还骂我父亲是屠夫、
恶魔的人，现在怎么称起恩父、

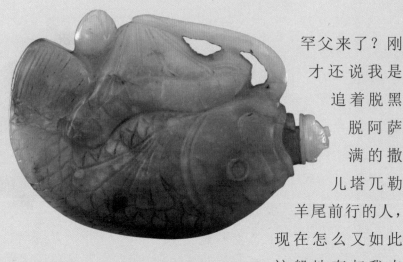

· 莲鱼形玉瓶 ·

罕父来了？刚才还说我是追着脱黑脱阿萨满的撒儿塔兀勒羊尾前行的人，现在怎么又如此这般地夸起我来了？我明白这番话的意图。毫无疑问，他这是在向我们宣战！向必勒格别乞、脱朵延二人吩咐下去，叫他们抓紧喂肥战马，树起战纛！"

这时，成吉思汗的信使之一速格该者温的妻儿家小恰在王罕营地居住。速格该者温不忍再行分离就留在了那里。所以，阿儿孩合撒儿独自回到成吉思汗营地，并将桑昆的话一一向成吉思汗做了汇报。

成吉思汗撤出统格黎溪东侧营地，迁至巴勒注纳湖下营。在此营居时，豁鲁剌思部头人搠斡思察罕前来面见成吉思汗，并率豁鲁剌思百姓归降了成吉思汗。接着，

> 撒儿塔兀勒 〈

撒儿塔兀勒，是当时蒙古人对信奉回教的中亚、西亚人的总称。这位阿三便是从中亚或西亚过来的商人。阿三在东北亚地区的出现，说明当时各民族间的商业活动是比较活跃的。

〉合刺温质敦山岭 〈

据史料及研究，当王罕突袭成吉思汗时，合撒儿因率部别居而未能一同撤退。不久，合撒儿遭到王罕军队的袭击，妻儿、财产、部众被掳去后，他逃脱奔走、沿合刺温质敦山岭（今大兴安岭西麓）寻找成吉思汗，历尽饥渴和艰辛，最后在巴勒注纳湖找到成吉思汗。

一撒儿塔兀勒商人阿三骑着白骆驼，赶着购自阿剌忽失的吉惕忽里的千只羯羊，前往额而古捏河（今额尔古纳河）附近，欲从当地牧人手中收购些貂鼠、青鼠。他路经这里，并将羊群赶至巴勒注纳湖饮水时，遇见了在此营居的成吉思汗。

成吉思汗迁至巴勒注纳湖不久，合撒儿从王罕营地回到了成吉思汗身边。合撒儿是把妻子和三个儿子也古、也松格、秃忽留在王罕营地后，带着几个要好的兄弟出来寻找哥哥成吉思汗的。因不知成吉思汗的去向，他们翻越合刺温质敦山岭，吃着生皮筋儿，最后在巴勒注纳湖找到了成吉思汗。见合撒儿归来，成吉思汗大喜，立即商定再向王罕派去信使。便派沼兀里耶歹氏合里兀答儿、兀良合歹氏察兀儿罕前往王罕住地，并教他们说："此话要用合撒儿口气说。

离开罕父您的营地

我出来寻找哥哥帖木真

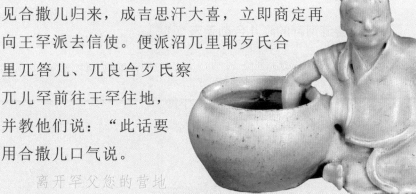

·人物形青釉笔洗·

虽已走遍深山大川
不见我哥哥的踪迹！
虽已喊破嗓子
不闻我哥哥的回音！
如今我
枕着草墩躺在野外
望着星星独守长夜！

·青花鸳鸯水草纹碟·

我的妻儿在罕父营中。如罕父派一可信之人来，我即与其回到罕父身边去。"待二人背下所述言语后，成吉思汗又吩咐道："你们出发后，我们立即动身前往客鲁涟河畔的阿儿合勒苟吉扎营。你们二人要回到那里去。"如此约好，并送合里兀答儿、察兀儿罕二人出发后，成吉思汗即派主儿扯歹、阿儿孩二人为先锋，随即率领部众，迁至客鲁涟河畔的阿儿合勒苟吉扎营。

〉客鲁涟河畔的阿儿合勒苟吉〈

客鲁涟河畔的阿儿合勒苟吉，即今流经蒙古国肯特省、东方省和中国内蒙古呼伦贝尔市而注入呼伦湖的克鲁伦河曲之南的地方。从巴勒注纳湖千里跃进阿儿合勒苟吉，这说明成吉思汗的势力已经得到恢复，并具备了与王罕局部作战的能力。

合里兀答儿、察兀儿罕二人到王罕住地后，向王罕口述了成吉思汗教给他们的话。并说："这是合撒儿捎给王罕的话。"二人

蒙古秘史

来到王罕住地时，王罕正在刚搭起的撒金褐子帐中摆宴欢聚。听合里兀答儿、察兀儿罕二人所说，王罕不假思索地立即说道："如是那样，就让合撒儿回来吧。作为可信之人，派亦秃儿坚去好了！"

受王罕的指派，亦秃儿坚随合里兀答儿、察兀儿罕二人朝成吉思汗新营地阿儿合勒苟吉走去。当走近阿儿合勒苟吉营地后，亦秃儿坚隐约看见了人畜众多，一派忙碌的景象，便疑心顿起，掉转马头回逃而去。合里兀答儿、察兀儿罕二人也随即追去。合里兀答儿的坐骑跑得很快，不一会儿便追上了亦秃儿坚。但因无法将其抓到，合里兀答儿只能绕前绕后地拦路阻挡。趁此机会，察兀儿罕催马追至箭能射到的地方，一箭射中亦秃儿坚金鞍黑马的后腿，使其猛然摔了下去。于是，二人扑了过去，抓住亦秃儿坚，将其押到了成吉思汗跟前。成吉思汗未向亦秃儿坚问话，只令二人："将他押到合撒儿那里！"合里兀答儿、察兀儿罕将亦秃儿坚押到合撒儿跟前，合撒儿也没问他什么，

· 玉佩饰 ·

径直将头砍了下去。

合里兀答儿、察兀儿罕二人向成吉思汗报告道："如今，王罕没有任何防备，正搭起撒金褐子帐摆宴狂欢。我们可以立即出发，趁夜袭击他们。"成吉思汗同意了二人的提议，并派出主儿扯歹、阿儿孩二人做前哨，随后带全体人马趁夜急行，在者折额儿温都儿山前的折儿合卜赤孩峡口围住了王罕的人马。惨烈的厮杀持续了三天三夜，顽抗的敌人在第三天时终于投降了。但在查看投降的敌人时发现王罕与桑昆二人不见了。原来，他们二人是趁夜逃出去的，只是我方人员未能发现他们。

三天三夜来顽强抵抗成吉思汗的人是只儿斤部勇士合答黑把阿秃儿而已。合答黑把阿秃儿对成吉思汗说："我不忍心使自己的主

· 日月贺兰山石砚 ·

> 小故事 〈

发生在者折额儿温都儿山（今蒙古国东戈壁省乔伊尔和肯特省达尔汗之间的山地）前的这场战役便是蒙古史上著名的者折额儿温都儿山战役。这是一场典型的以少胜多、以弱胜强、转败为胜的战役。通过这场战役，成吉思汗征服了客列亦惕，为创建蒙古帝国奠定了坚实的基础。

子落入他人之手。坚持抵抗三天三夜，全是为了掩护他。如今他已安全逃出，所以我投降了。如果要我死，我即可死去。若成吉思汗开恩让我活下去的话，愿为您效犬马之劳！"

成吉思汗非常赞赏合答黑把阿秃儿所言所行，便下令道："谁能怪罪一个忠实于自己的可汗，并为掩护他而勇猛作战的人呢？这样的人是可交的！"随即，成吉思汗为回报为己献身的忽亦勒答儿，将合答黑把阿秃儿及只儿斤部百人一同赐给忽亦勒答儿的妻小效力，并严厉嘱咐道："将来若有男儿出生，须随忽亦勒答儿的子孙之子孙并为他们效力，若有女儿出生，则其父母不能做主嫁她。其儿其女须要好好服侍忽亦勒答儿的妻小一家！"

成吉思汗念忽亦勒答儿在紧急关头挺身而出的侠义，赐恩道："忽亦勒答儿功不可没！令他的子孙后代永享救济孤寡的利禄。"

· 錾花金杯 ·

卷七

征服客列亦惕部后，成吉思汗将其百姓分给了众家亲信。同时，将只儿斤氏的百余人分给了孙勒都歹氏勇士塔孩。王罕的弟弟札合敢不养有二女，姿色过人。成吉思汗将其姐姐亦巴合别乞娶为妃子，将其妹妹莎儿合黑塔泥别乞赐给了儿子拖雷。成吉思汗没有掳取札合敢不的属民与家财，而是令他要像帐车的另一支轮子一样相协前行。

成吉思汗又将王罕的奢侈品撒金褐子帐、金制酒具、金银器皿及司事人员分给巴歹、乞失里黑二人后，吩咐道：

"欢宴时

> 巴歹、乞失里黑 〈

巴歹、乞失里黑二人，就是成吉思汗本家叔叔阿勒坛之弟——也客扯连的家奴。正是这二人的通风报信，使成吉思汗躲过了王罕险些带给他的灭顶之灾。现在，客列亦惕部被消灭了，二人也得到了应该得到的一切。

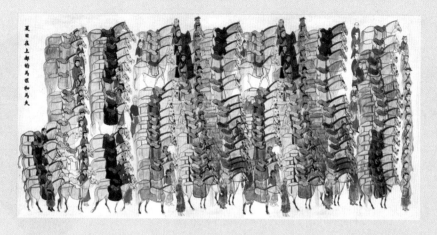

·夏日在上都的马匹和马夫·

叫他们斟酒倒茶

交战时

叫他们负弓背箭

直至子孙之子孙

永将他们辖于门下！

今后你们二人

可将战时所获财物及百姓

归为己有！

此后你们二人

可将猎场所获野兽及飞禽

占为己有！”

　　成吉思汗接着又下令道：“巴歹、乞失里黑二人于我有救命之功。如今，托长生天的保佑，我征服客列亦惕百姓，登上了令人仰慕的高位。从现在起，直到我子孙之子孙的继位者们，要永远记住他们二人于我家国江山的不朽功绩！”

灭掉背信弃义的客列亦惕
携其百姓、牲畜及财物
使其家国江山不复存！
征服悍勇凶猛的土绵土别干
铲除斡栾董合亦惕及只儿斤
灭得那
昔日蛮勇成灰烬！

成吉思汗如此彻底地歼灭客列亦惕部之后，迁至阿卜只阿阔迭格里一地过冬。

· 香料 ·

王罕、桑昆二人一路出逃到的的克撒合剌附近的涅坤水一地。口渴难耐的王罕走到水边喝水时被乃蛮哨兵豁里速别赤抓获。王罕对豁里速别赤说："我是客列亦惕部的王罕！"可是，豁里速别赤既不认识，也不相信他，便把他杀掉了。桑昆落在王罕后面，未入涅坤水域而走到旷野中寻找水源。旷野上有一群野马正蔫蔫地站在那里，桑昆发现后立即跳下马背，将马交给随从阔阔出后，悄悄向那群野马走去。这时，与桑昆同

> 涅坤水域 <

的的克撒合剌附近的涅坤水，确切位置不详，应是当时客列亦惕部和乃蛮部交界的地方。据史料及研究：王罕、桑昆趁乱逃出后，桑昆不仅没有照顾其父亲，反而领着其他人抛弃了父亲。身陷绝境的王罕哀叹道："我疏远了不该疏远的人，招惹了不该招惹的人，才落到今天这种地步。"王罕这位草原上的风云英雄，死后落了个身首两分的悲惨结局。

行的只有他的随从阔阔出和他的妻子。阔阔出接过桑昆的马缰后便牵着它掉头跑去。见此，其妻大声说道：

"在穿绸缎锦衣时

在吃山珍佳肴时

桑昆视你如同手足

一直与你同享富贵！

可如今，咱却怎能

弃下落难的主子

只顾自己逃将回去？"

阔阔出见妻子不肯跟他走，便说："你想留下来做桑昆的女人吗？"其妻边走边对阔阔出说："你骂我是如同猪狗，不要脸面的人吗？把那口金碗留给他，好让他有个喝水的碗。"于是，阔阔出掏出金碗随手抛向脑后便策马离去了。阔阔出逃到成吉思汗营地后，对成吉思汗说道："我将桑昆徒步弃在那个旷野后逃来了。"同时又详细禀报了那个旷野的情况及与妻子的全部对话。成吉思汗听罢下令道："其妻忠义，可免一死！阔阔出不忠不义，弃其主子于死地，乃为不可信用的人。"遂将其砍死。

乃蛮部首领塔阳罕的母亲古儿别速说："王罕乃为昔日贵族，年迈

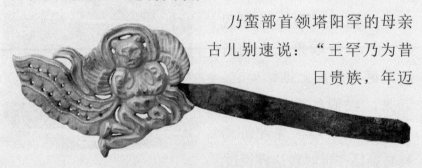

·银鎏金虎首人身凤尾发簪·

〉乃蛮部〈

乃蛮部是当时草原上的强大部族。该部族属，专家的说法不一。有的认为，他们是黠戛斯人的一部分，属突厥语族；有的认为，他们属回鹘分支，仍属突厥语族；有的认为，他们就是蒙古人。在成吉思汗时代，该部驻牧于蒙古地区西部阿尔泰山及其周围。这里出现的塔阳罕（也称太阳汗）是其父亦难察必勒格罕的继位者。塔阳罕因与其兄不亦鲁黑争夺罕位，实际上导致了乃蛮部的分裂，削弱了势力。此时的乃蛮人已有较发达的经济和文化，用畏兀儿文字记事。

的大罕。可将首级取来，如果是他，我们就祭祀他！"于是，派人到豁里速别赤哨所，取来首级一看，正是王罕之首。乃蛮人立即将王罕首级安放在白色毡子上，前面摆好供品，举行了众媳执礼、敬酒献乐、敬献供品等祭悼仪式。众人正在祭悼时，王罕首级莫名其妙地笑了一下。见首级发笑，塔阳罕顿生怒气，立即叫人踏碎了王罕的首级。见此情景，可克薛兀撒卜勒黑说道："不应取来死人的首级，更不应如此地踏碎它。近来，我们的狗儿叫声有些怪异。早年，先罕亦难察必勒格在世时曾这样说过：

· 五子登科画像石 ·

在我年迈发白的时候
夫人尚还年轻的时候
幸得老天保佑
生下了我儿塔阳他！
生来俊秀的我儿塔阳
年少幼稚无经验
不知能否掌管好
我辈留下的家国江山？
先罕所说甚是，如今
黑狗汪汪
其声怪异不祥
罕母揽权
掌管家国之事
看来塔阳你啊
的确是个庸懦之人！

你除了放鹰狩猎之外，实无其他本事！"

塔阳罕听罢便说："听说在那东方住有少许蒙古人。他们以武力相胁，逼死了年迈的王罕老人。难道，他们也想称霸称罕？为使大地明亮美丽，天上有日月二轮生辉。可是，天下岂可二罕同时并立？立即发兵征服他们，并把他们驱赶到我们这里来！"对此，其母古儿别速说道：

"没有必要这样做。那些蒙古人衣着脏污，身有

· 武士铜雕像 ·

＞古儿别速＜

这个说大话的古儿别速究竟是什么人？研究者称：她是塔阳罕的父亲亦难察必勒格之宠妃。塔阳罕与其兄不亦鲁黑的分裂，主要是为了争夺这个女人。塔阳罕将其抢到手后，乐得不管政事，而古儿别速却揽起了大权。

臭味，还是离他们远一些为好。只可以掳来其中姿色上好的女子，洗净其手脚后，可以用来挤牛羊之奶！"

"管他怎样，这就去夺取蒙古人的弓箭！"塔阳罕下令道。

听完这些话，可克薛兀撒卜勒黑急忙说道："此等大话怎能说得？唉，我尚还稚嫩的可罕啊，此事不宜，快快罢了！"塔阳罕不顾可克薛兀撒卜勒黑的再三规劝，执意派脱儿必塔失为使，至汪古惕部阿剌忽石

·印金花卉图案纹长袍·

的吉惕忽里说道:"东方住有少许蒙古,近来颇为猖狂。请你做我右翼,我们马上出发,去夺取那些蒙古人的弓箭!"

"我做不了你的右翼!"阿剌忽石的吉惕忽里送回塔阳罕的使者后,立即派名为月忽难的使者对成吉思汗说道:"乃蛮的塔阳罕要夺取你的弓箭。他约我做右翼,我未肯。今我派人告知于你,你要多加小心,可别让敌人夺取你的弓箭!"此时,成吉思汗正在帖篾延阔野打猎。当他们正围猎于秃勒勤扯兀惕时,阿剌忽石的吉惕忽里的使者月忽难赶来告知此变。知此变故,成吉思汗召集众将,就地商议对敌良策。众人说:"我方战马尚还瘦弱,眼下没有什么克敌制胜的好办法。""怎能以战马瘦弱为由呢?我的战马是肥壮的!听到此等消息,怎可

> **汪古惕** ‹

　　研究者认为,这个汪古惕(也称汪古、王孤、瓮古、旺古等)部,是由沙陀突厥人、回鹘人、室韦——鞑靼人、吐谷浑人、党项人和契丹人等长期融合而形成的。其基本驻地是阴山以北的漠南中部地区。汪古惕部,当时臣属金朝,同蒙古部历来无利害冲突。

坐以待毙呢！"斡惕赤斤那颜（成吉思汗的小弟，名帖木格。蒙古人称家中最小的儿子为：斡惕赤斤）如此说道。别勒古台那颜也颇有同感地说道：

"身为七尺蒙古汉
当视弓箭如生命
如让他人夺之去
活在人世有何用？
双手紧握弓和箭
头下枕着弓箭包
身尸傲骨抛原野
热血男儿何所惧！
及蛮小主塔阳罕
仗其人多地域广
仗其草美牛马壮
才出欺我疯狂言！
趁他此般狂妄际
我若策马去袭击
其地其人其弓箭
取而夺之极可宜！
今我举兵突袭之
断他无防必乱之
无暇顾及牛马群
只为保命逃将去！
部众属民失管束
将向四处仓皇逃

·铜香炉·

天赐良机不可失
跨上战马去杀敌！"

成吉思汗采纳了别勒古台那颜的此番建议，便撤出猎场后从阿卜只合阔贴格儿出发，到达合勒合河畔的斡儿讷兀山前客勒贴该合答下营整

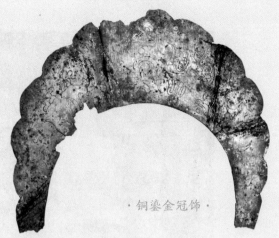

·铜鎏金冠饰·

军。在整军期间，成吉思汗制定了军事编制，委任了千夫长、百夫长、十夫长及参谋官等军中各级官员。此次共委任了参谋官六名，分别是：朵歹参谋官、脱豁勒忽参谋官、斡格来参谋官、脱栾参谋官、不察阑参谋官、雪亦客秃参谋官。同时将军队以十人组、百人组、千人组编队妥当，又组建了八十人的宿卫队、七十人的近卫队及贴身侍卫等，并从十夫长、百夫长、千夫长及百姓儿子中挑选出智聪体健者编入其中。成吉思汗委阿儿孩合撒儿以重任道："自行选取勇健之士一千，战时做我先锋，平日里跟在身边服侍我！"同时，又令道："由斡格来参谋官指挥我七十人的近卫队、并与忽都思合勒潺共同商议行事。"

成吉思汗又下令道："弓箭手、近卫队、侍卫兵、厨师、守门及看马人完成每天的侍卫任务后，落日之前须向夜勤人员交班，然后到马群旁过夜。夜勤人员须要彻夜值班，帐前帐后巡逻护卫！待我吃完早餐后，弓箭手、侍卫队即来换班，并各按原先的位置做好侍

· 畏吾体蒙古文题记 ·

卫工作！这样轮值三昼夜后可休三天。弓箭手则要专门承担夜勤任务！"

成吉思汗如此这般编就队伍，委任官长，组建起宿卫队、近卫队、侍卫，并派阿儿孩合撒儿为勇健之师长官后，自合勒合河畔斡儿讷兀山前的客勒贴该合答挥师向西，征讨乃蛮国。

鼠儿年（甲子，1204年）四月十六日晴空灿烂，成吉思汗行毕祭旗大礼，向客鲁涟河方向派出者别、忽必来二人的前哨后，率军踏上了征程。者别、忽必来二人行至撒阿里旷野后，与康合儿罕山前的乃蛮哨兵迎面相

> 客勒贴该合答 〈

在斡儿讷兀山前的客勒贴该合答进行的这次整编，是成吉思汗军事生涯中浓墨重彩的一笔。通过委任各级长官，组建护卫军等办法，成吉思汗将原来的较为松散的贵族首领们私人军队性质的军队改编成为一支正规的，组织严密的军队。

遇。经一番激烈角逐，乃蛮哨兵抢去了我方一匹套有鞍子的青白瘦马。"蒙古人的战马尚很瘦弱！"乃蛮哨兵相互谈论道。知此变故，已行至撒阿里旷野的成吉思汗立即与众部下商量应变之策。参谋官朵歹对成吉思汗说："我方人寡，又是一路劳顿而来。因而，应就地下营休整几日，好让马儿吃些饲草。同时将人马分散到撒阿里旷野各处，令于入暮时分每人点起五堆篝火造势于敌。据说乃蛮部人多势众，但他们的主子却是一个未曾出过家门的娇生惯养之人。用遍地篝火威慑敌人，在他们懵然之际，我方马儿将会吃饱饲草。待马儿吃饱后，我们立即发起攻击，直将乃蛮哨兵驱入其主力营地。如此一来，敌兵必乱无疑，我军可乘机发起闪电般的打击。如此可否？"成吉思汗决定采纳此计，便下令道："照

·铜鎏金菩萨像·

撒阿里旷野，也叫撒阿里川，今蒙古国乌兰巴托市东南百余公里中央省东南部地区。

此做去，点起火来！"兵马随即分散开去，每人点起了五堆篝火。夜幕降临，乃蛮哨兵从康合儿罕山顶望见遍地火种，顿起疑惑："不是说蒙古人人少势微吗？点起的篝火怎么却多如繁星呢？"便急忙向塔阳罕派人送那匹青白瘦马的同时报告道："蒙古军已至撒阿里旷野，其营帐满地。且见有增无减，如潮水般涌动不断。其点起的篝火漫山遍野，多如繁星！"

当乃蛮哨兵带来这一讯息时，塔阳罕正在康孩山下的合池儿之水营居。听罢来人所告，塔阳罕向其儿子古出鲁克罕派人说道："蒙古人的马匹很是瘦弱。所点之火却多如繁星，可以断定赶来的蒙古人颇多。所以：

今若与这丑陋的蒙古
交上手来开始厮杀
将会很难脱其纠缠！
刺其脸颊而不曾眨眼的
流其黑血而不曾回头的
蒙古大汉鲁莽而又刚硬
我方不宜与其仓促交战！

如今蒙古人的马匹尚还瘦弱。现在，我们须将拖着他们向阿勒台山转移，等到越过阿

〉康孩山、合池儿水〈

康孩山、合池儿水，也写杭海山等，即今蒙古国后杭爱省、布尔干省境内的合池儿水。

勒台山后，我们布好阵势
等待战机。当蒙
古军队被我们拖
得精疲力竭地走到
阿勒台山脚下时，我
们迎击消灭他们！"

·铁铡刀·

　　对此，他的儿子古出鲁克罕颇为不
满地说："塔阳罕怎么像个懦弱的女子，
尽说些泄气的话。蒙古人怎会有那么多？他们的多数
随札木合在我这里。

　　从未踏越过
　　孕妇便溺的小圈
　　从未走出过
　　牛犊撒欢的草场
　　懦弱如女的塔阳
　　胆小如鼠无用途！"

　　古出鲁克罕不仅没有听从塔阳罕的计策，反而用
如上言辞侮辱一番后，向塔阳罕派去了自己的信使。
　　塔阳罕听罢古出鲁克捎来的话，便愤然说道：

　　"尽管我儿古出鲁克他
　　自大狂妄又盛气凌人
　　真将与敌厮杀起来
　　先行退却的就是他！
　　请将那般凌人的傲气
　　用到敌人刚勇的身上

· 蒙古王公出行图（波斯细密画）·

要知一旦交起手来
莫想随意挣脱纠缠！"

听塔阳罕如此泄气的话，他手下的大官豁里速别
赤说道："你的父亲亦难察必勒格罕在世的时候，

未让敌人见过其
负有弓箭的男儿背
勇猛杀敌直向前
未让战马退半步！

如今你为何如此心怯不止？如果早知这样，还不
如请你母亲古儿别速来指挥我们军队的好。可惜呀！
自可克薛兀撒卜勒黑将军老了以后，我们的军纪日渐
松弛了。这是天助蒙古啊，我们必吃败仗！脱儿鲁黑

塔阳罕你的确是一个懦弱无能的人啊！"说罢，捶打着弓箭套愤然离去。

塔阳罕被激怒了："生死一命，痛苦人生，那就开战吧！"便率兵马，自合池儿之水出发，顺塔米儿河而下，渡斡儿浑河，经纳忽崖东麓，到了察乞兀马兀惕的地方。成吉思汗的哨兵发现敌人踪影后马上回来报告："乃蛮人过来了！"

得此报告后，成吉思汗下令道："人多者损失多，人少者损失少！"便率兵马迎了过去。成吉思汗驱走乃蛮哨兵，占据有利地形后排兵布阵道："进如山桃树丛，摆开海子一样的军阵，攻如凿子般冲杀起来！"于是，令合撒儿为中军指挥，斡惕赤斤那颜殿后，成吉思汗自己则走在了先锋队的前列。见势，乃蛮退出察乞儿马兀惕，到纳忽崖山南麓摆下了军阵。我方大军继续挺进。当走在大军前面的我方

〉 塔米儿河 〈

塔米儿河，即今蒙古国后杭爱省鄂尔浑河左岸支流；斡儿浑河，即鄂尔浑河；察乞兀马兀惕，即今蒙古国前杭爱省哈拉和林东北之地。

〉 解说 〈

"进如山桃树丛，摆开海子一样的军阵，攻如凿子般冲杀起来"关于成吉思汗的这一排兵布阵，专家们的理解和翻译各有不同。这里按流传较广的说法翻译。对这一战术，专家们的解读是：大部队派出精锐的骑兵小队，像山桃皮丛一样既散又联络；找到战机后，大部队便以大海般的气势，从四面八方包围敌人；精锐部队要像凿子一般直捣敌人的中军。

〉札木合〈

失意豪杰札木合，又在乃蛮塔阳罕的身边出现了。他是因政变阴谋败露而被王罕驱逐到这里来的。与札木合一样，投奔到乃蛮的还有札答阑、合塔斤、撒勒吉兀、朵儿边、泰亦赤兀、翁吉剌等蒙古部的残余力量。

哨探紧追败逃的乃蛮前哨而逼近其主力时，塔阳罕向札木合问道："如追赶羊群的恶狼，驱我哨兵而来的那些人是一些什么人啊？"

札木合答道："我帖木真安答，养有四条吃人的狗，一一拴在铁链上。今逐我哨兵而来的正是那四条狗。

额如生铜般坚硬

舌如锥子般尖长

心如钢铁般无情

牙如钉子般锋利！

四条吃人的疯狗

挣脱其钢铁锁链

欲吃我人肉尸骨

垂涎三尺狂奔而来！

饮朝露捕飞禽

骑乘风暴疾如飞

射弓箭舞刀枪

素以战器为伴友

此来四条疯狗者

乃为蒙古大战将

者别、忽必来二人和

·金镯·

者勒篾、速别额台也！"

　　"那就离他们远一些吧！"塔阳罕便带人马向山坡
上撤去。塔阳罕又见紧追而来的
一队人马，即问札木合：

　　"如同吃饱母乳的马驹
　　环绕在母马周围欢跳不止
　　雀跃而来的那些勇士
　　札木合友你是否认得？"

　　札木合答道：

　　"威慑武士猛将而
　　缴其弓箭刀枪者
　　震慑勇士劲敌而
　　夺其战马铁甲者
　　生性好斗的兀鲁兀惕和
　　喜战善杀的忙忽惕们
　　知此战事将要起
　　欣喜若狂雀跃来！"

　　"那就离那些家伙们远一
些吧！"塔阳罕又带着人马向
山腰撤去。塔阳罕见继而扑过
来的又一队人马，再问札木合：
"在其后面，如饿鹰捕食般狂奔
而来的又是什么人呀？"

　　札木合说："来者便是我的
安答帖木真！帖木真他——

·钧窑带座螭耳瓶·

·萨满人物铜像·

身如生铜铸成
当无锥刺之孔
身如熟铁锻成
更无针刺之隙！

如今，帖木真他饿鹰捕食般地扑过来了。你们乃蛮不是
扬言要把蒙古分得羔羊蹄皮都不留吗？那就试试吧！"

"既然这样，我们就退到山口那边去吧！"塔阳罕
带着人马向山口那边退去的同时，又问札木合："又
继其后，遮天蔽日般汹涌而来的又是什么人呀？"札
木合答道：

"当是诃额仑母亲那
用人肉喂大的儿子
其名叫做合撒儿
魁梧伟岸力无穷！
身高足有丈五尺

顿餐吃进三岁牛
身上披挂三重甲
此来驾有三头牛！
开口能吞背弓人
如同咽下一块肉
张口能吞一活人
如同咽下水一滴！
怒来拉弓射箭去
射穿远处人一片
气来弯弓放箭去
射杀山外敌一群！
用力可射九百庹
轻轻弹则五百庹
生来就与众不同
身壮如同蟒古斯
合撒儿他拉着弓
真朝我们冲过来！"

"如是这样，
那我们就再往高处退
一步，往上爬吧！"
塔阳罕带着人马向山顶
爬去。塔阳罕又问札木合：
"再继其后而来的又是什么人
呀？"

札木合答道："他便是诃额

· 萨满法服 ·

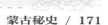

仑母亲的幼子，忠孝双全的斡惕赤斤：

> 母之幼子忠孝全
> 早起早睡颇灵敏
> 凡有烽火争先去
> 混战厮杀必有他！"

"如是这样，我们就爬到山顶上去吧！"塔阳罕说。

札木合向塔阳罕说下这番言语后，就弃下乃蛮而去，派人向成吉思汗说道：

> "被我所言吓倒
> 塔阳已爬上山顶
> 其心已无斗志
> 士气也已落尽！

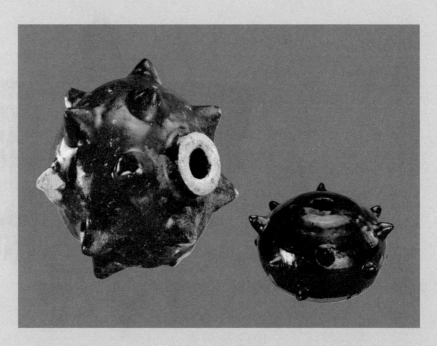

·瓷蒺藜·

安答你切莫畏惧，一定要挺住！我已经完全脱离了乃蛮。"

·菊瓣纹卵白釉罐·

当太阳落山时，成吉思汗已将纳忽崖紧紧围住，并令队伍彻夜镇守。当夜，溃逃的乃蛮人如落山石木般纷纷坠崖而死。骨肉碎烂，尸首分离，积如烂木，其景难睹。待到次日，成吉思汗一举征服乃蛮，擒获其主塔阳罕。其间，单独在一处的古出鲁克罕带少许人马逃到塔米儿河时被我追兵赶上。被逼无奈的他立起营寨抵抗，但又不敌而弃寨逃走。至此，成吉思汗在阿勒台山前征服了不可一世的乃蛮，将其全部划入到自己的管辖范围。原来与札木合在一起的札答阑部、合

> 纳忽崖 〈

在纳忽崖上进行的这场战斗非常惨烈。据《史集》作者拉施特记录，塔阳罕并非被擒获，而是：塔阳罕身负重伤、奄奄一息，跟随他的豁里速别赤对其他亲信将领们说："在我们看到他死去前，让我们在他面前厮杀吧，让他看到我们战死吧！"他们下了山坡，进行激战，直到全部战死为止。成吉思汗想活捉他们的愿望落空。仅仅持续一天一夜的纳忽崖大战以成吉思汗的胜利而结束了。这是成吉思汗创建蒙古帝国战争中的最后一场大战役。随着成吉思汗的胜利，原来跟随札木合一同投奔乃蛮部的札答阑、合塔斤、泰亦赤兀、翁吉剌、朵儿边等部都投降了成吉思汗。

古儿别速

一个不可一世的傲慢女人，走入了她最厌恶，最看不起的人的怀抱里。从乃蛮大汗亦难察必勒格的宠妃，到其子塔阳罕的心爱，再到成吉思汗的帐中，古儿别速走过了一个女人最悲哀的命运之路。这就是战争和因战争而动荡不安的社会带给女性的苦难之一。

塔斥部、撒勒只兀惕部、朵儿边部、泰亦赤兀惕部、翁吉刺惕部等即在此地归顺了成吉思汗。之后，成吉思汗将塔阳罕之母古儿别速叫到身边，对她说道："你不是说蒙古人有臭味吗？现在怎么又过来了？"说罢，便把她留在了帐中。

同年秋天，成吉思汗于合刺答勒一地打败篾儿乞惕部脱黑脱阿别乞，并将其驱赶到撒阿里旷野，一举掳取了篾儿乞惕之百姓、家畜及财物。脱黑脱阿别乞

· 纳石失辫线长袍 ·

带着忽都、赤剌温二子及几名手下逃遁而去。当篾儿乞惕百姓被歼之时，欲献女儿忽阑与成吉思汗的豁阿思篾儿乞惕之头人答亦儿兀孙，在半途上遇到了蒙古守军的阻拦。于是，答亦儿兀孙找到守军大将纳牙阿说："我欲献女儿与成吉思汗，今护送而来。"

听罢情况，纳牙阿说："我们一起去护送你女儿吧。在此战乱时期，你若一人护送前往，恐遭乱军之害与糟蹋。请在此等候三日，三日后我们一起护送你女儿去。"于是，答亦儿兀孙父女二人在纳牙阿军营中滞留了三日三夜。三日后，纳牙阿那颜与答亦儿兀孙一起将其女儿忽阑护送到了成吉思汗身边。成吉思汗知此经过后，心生大疑，即怒问纳牙阿："你因何滞留

> 小故事 〈

　　斡儿讷兀山前的客勒贴该合答，即今哈拉哈河流域内蒙古呼伦贝尔市新巴尔虎左旗军达盖。成吉思汗在这里整军时任命了六个"扯儿必"。有学者认为"扯儿必"一个相当于宰相或幕僚长的职务，还有的认为与司令官之职相当。从他们掌管的事务及职能变化，我们在这里译为"参谋官"。

她三日三夜？"正要严刑拷问时，忽阑开口说道："此纳牙阿那颜对我父女说道：'我是成吉思汗的手下将军，我们一起护送你去见大罕。以免途中遭遇乱军之害！'若不是这纳牙阿那颜护送我前来，我也许早已成为乱军手中的猎物！有幸遇此纳牙阿，我才一路平安而来。若大罕开恩，请在拷问纳牙阿之前，先行检验我上天赐予，父母所生之身如何？"

这时，开始被审问的纳牙阿也说道：

"成吉思汗是我英明君主
我除一心侍奉决无他意！
如掳他邦美女佳丽与
好马良驹及物利等
我都当作大罕固有的物品
倍加小心地看护起来！
除此以外别无他心
若有非分之想愿被诛之！"

于是，成吉思汗照忽阑所言检验其女身后方知其言无假，便宠纳了她。由此，纳牙阿那颜的忠言也被得到了证实。所以，成吉思汗降恩道："此人言确意忠，后可以委以大任！"

卷八

　　成吉思汗一举歼灭篾儿乞惕部掳获其百姓后，将脱黑脱阿别乞之子忽都的两个老婆秃该、朵列格捏中的朵列格捏赐给了斡歌歹。其间，一部分篾儿乞惕人出逃，到台合勒一地筑起了营寨，负隅顽抗。于是，成吉思汗下令道："命锁儿罕失剌之子沉白率左翼大

·人骑动物瓷棋子·

·人形玉佩·

军围歼立下营寨的篾儿乞惕！"

　　成吉思汗则亲率一支队伍继续追击仓皇逃走的脱黑脱阿别乞及其子忽都、赤刺温等另一部篾儿乞惕人。因寒冬来临，成吉思汗在阿勒台山前安下营寨过冬。牛儿年（公元1205年）初春继续追击出逃之敌。当成吉思汗越过阿来野岭时，正好发现了出逃的古出鲁克罕与儿乞惕脱黑脱阿别乞等在额儿的失河畔的不黑都儿麻地方会合，并联手整治军马。当尾追而至的成吉思汗发起攻击后，脱黑脱阿别乞身中乱箭应声倒地。其子忽都、赤刺温等因来不及埋葬其父亲的尸骨就只好割下他的头颅后仓皇逃遁。其余的乃蛮人和篾儿乞惕人溃不成军，夺路逃走，多数人在渡额儿的失河时溺水而死。幸免一死的少数乃蛮人和篾

> 小故事 〈

　　曾嘲笑其父亲怯战的古出鲁克，不仅未与父亲一起战死沙场，只顾自命地脱逃出来了。这位爱说大话的家伙一路奔逃，最后投奔到了西辽。这里出现的合剌乞塔惕之古儿军便是黑契丹和西辽末帝直鲁古。

本段提及的几起战争，均是成吉思汗灭掉乃蛮塔阳罕后进行的扫荡蒙古高原残敌的战争。经过一段时间的连续用兵，成吉思汗在额儿的失河（今额尔齐斯河，流经新疆伊犁哈萨克自治州阿勒泰地区、哈萨克斯坦和俄罗斯，注入斋桑泊）流域，消灭了乃蛮部残余和世仇之敌篾儿乞惕部残余脱黑脱阿别乞。迫使塔阳罕之子古出鲁克和脱黑脱阿别乞之子忽都、赤剌温逃亡西辽地区。从而，结束了蒙古高原上部族林立、征战掳掠，动荡不安的时代。

儿乞惕人渡过河后各自离散而去。乃蛮的古出鲁克罕经委兀惕，合儿鲁兀惕地区，投奔到了位于撒儿塔兀勒地方垂河畔的合剌乞塔惕之古儿罕处。

篾儿乞惕部脱黑脱阿别乞之子忽都、合勒、赤剌温等则经康里，逃向了钦察兀惕地区。

大获全胜的成吉思汗率部经阿来野岭回到了自己的大本营。受命追敌的沉白也很快讨平了筑寨于台合勒的篾儿乞惕一部。于是，成吉思汗令其众军杀掉了该杀的一部分后，将其余的篾儿乞惕交给手下分拢而去。同时，我方大本营留守

·汉白玉建筑构件·

军人也一举镇压了降而又叛的部分篾儿乞惕人。

"本想包容并善待他们，可他们又反了！"成吉思汗便将这部篾儿乞惕人一个不留地分给了众手下。

同年，成吉思汗命速别额台率铁车军追击脱黑脱阿别乞之子忽都、合勒、赤剌温等。临行前，成吉思汗对速别额台说道：

> "世仇之敌脱黑脱阿那
> 夺命逃去的儿孙们
> 如同受惊的野马
> 又似中箭的山鹿
> 跳过河水跳过了山
> 逃向远方的天际边。
> 若那逃匪忽都、赤剌温
> 变做飞禽蹿上天空
> 我的勇士速别额台你
> 化做雄鹰捕住他！
> 若那逃匪忽都、赤剌温
> 变做旱獭钻入地里
> 我的勇士速别额台你
> 化做利凿掘出他！
> 若那逃匪忽都、赤剌温
> 变做刺鱼跳入大海
> 我的勇士速别额台你
> 化做旋网捞取他！
> 为去剿灭篾儿乞惕

· 成吉思汗石 ·

今我送你踏上征程
前有高山险峰多
更有水深难揣摸！
路途遥远去日长
须要爱惜己马力
山水无际归期遥
须要节省军粮草！
若使战马瘦将去
哀叹几多也将晚
若使粮草耗将尽
再行节俭也难挽！
遥遥路途多猎物
莫以猎癖误征程
为了充丰己粮草
当限须量获取之！
平日行军莫太急
战马鞍鞯应脱去
兵士众军切遵纪
勿令搭辔闲口行！
若能严守此纪律
大军前行路途顺
定绝兵者乱猎行！
如有违反此律者
当以军法惩处之

·契丹武士画像·

是人若为识我者
将他交我惩罚之
是人若为非我识
则由你来处罚之！
在那重重千山外
心如同我在一起
在那重重万水外
身如同我在一处
借着长生天的威力
长我蒙古军的志气
若能捉住脱黑脱阿那
逃向天边的儿子们
不用押到这边来
就地惩处断后患！”

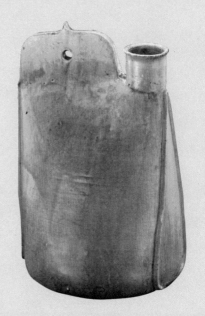

·绿釉鸡冠壶·

成吉思汗又对速别额台说道：

“今派心腹
速别额台你
前去剿灭我仇敌！
幼时袭我母子者
今又切齿逃将去！
定要追到天之涯
定要追到海之角
灭掉那支仇敌根
替我报了家国仇！
行远而思近

形背而心向

此念常怀天地间

苍天定会助你行！"

　　当乃蛮人、篾儿乞惕人被成吉思汗彻底征服时，
曾在乃蛮部栖身的札木合也失掉了所有的族人百姓。
慌乱之际，他只与身边心腹五人逃到倘鲁山为盗。一
天，当五人烤吃一只猎获的公盘羊时，札木合说道："今
天，谁的儿子们在如此享用着盘羊野餐？"听罢此话，
五人同伴将正在贪食无备的札木合捉拿到了成吉思汗
住处。

　　札木合被自己的同伴擒来后，对成吉思汗安答说：

"山上的乌鸦

如今捕起了天鹅

卑贱的下奴

如今擒起了罕主

可罕安答明断

此为哪般世道？

林中的斑雀

如今捕起了雄雉

下贱的家奴

如今围捕了罕主

可罕安答明断

此为哪般举义？"

　　听罢札木合所言，成吉思汗
下令道："胆敢冒犯自己的罕主，

·绿釉刻花云纹鸡冠壶·

这样的人如何处置为好？这样的人能与什么人交往？将这些冒犯自己罕主的贱民斩杀勿留！"于是，在札木合的见证下杀死了冒犯他的几名随从。之后，成吉思汗命手下向札木合传话道：

"咱已分离久
今再重归好
望你从此起
作我车一辕
莫再起异心！
同居在一处
和好如当初
互陈所忘事
相唤共寐醒！
虽曾离我奔他去
但却处处见你心
每到生死战起时
你总为我揪着心！
虽曾弃我寻他去
你永远是我安答
每到与敌激战时

> 小故事 〈

札木合带着身边仅剩的五个人逃进今蒙古国与俄罗斯交界处的唐努山山脉。《史集》作者拉施特则说有六十余人。究其被擒的原因，有学者认为：虽然粮尽水竭，到了穷途末路，但札木合还是摆出一副可汗的架子，动辄打骂自己的伴当，于是这五个人趁札木合不注意，将他绑了起来，献给成吉思汗。

· 巴思八文圣旨金牌 ·

你都替我担着心！

可举以下几例：当我与客列亦惕部在合剌合勒只惕激战时，你派人告我王罕的作战部署，从而使我免遭一劫。这是你的功劳之一。又当与乃蛮开战时，承你宣扬我军军威给塔阳罕，使他们心惊胆战，并派人向我通报了敌人的情况。这是你的又一功劳。"

听罢成吉思汗所言，札木合说道：

"在那远去的日子里
在那美好的童年里
在那豁儿豁纳黑川谷地里
我与你结为了安答！
二人相处形影不离
游戏玩耍总在一起
夜寐共钻同一被窝
日来同思一种心愿！
后来我中谗言之惑
又中他人离间之计
背弃旧情离开了安答
踏上了一条陌生的路
念起昔日难忘的言语
犹如扒去脸上的薄皮
念起过去笃诚的情意
犹如撕下面上的表皮
无颜无面愧心自责
躲避着走到了今天！

·八思巴文圣旨银牌·

如今安答又念旧情
劝我回头重修旧好
可我不幸失尽良机
须友之时未能相伴！
如今安答帖木真你
灭尽仇敌平了天下
已成就了万年盛事
还留我等又有何益？
恐将扰你夜里的梦
恐将坏你昼里的心
恐将成你衣中虱子
恐将成你袖上刺！
被那谗言离间后
我已痛苦至如今！
你我二人的名声
从东到西已传遍！
安答有智母
兄弟一群又俊杰
又聚英豪你周围
还有战马七十三！
而我生来孤儿身
既无知心好朋友
又无手足好兄弟
虽有妻子为长舌
因故不敌安答你

·银鎏金佛舍利塔·

遭此败局已定然！

所以，请求安答降恩，赐我速死，以
平安答之心。如安答降恩赐死，则求
安答赐我以不流血而死！如能这样：

我那入土为安的身躯
我那永存大地的尸骨
将从花草丛生的高地
佑助你万代大业！
我本源自旁支根
今被你族所屈服
此话常记你心间
日久天长永念之！

·金刚杵·

好了，该说的都已说完，可以结束
我的性命了！"

成吉思汗听过札木合这番诉说后，若有所思地说
道："安答札木合虽然离我另行，虽有满口讥议，但
从未听到他有害我性命的意图。应该是个可容可学之
人。而他不肯，又不
愿悔改。要让他死吧，
占卜又不显示。不能
无故害人性命，要害
则应有足够的理由。
札木合是个出身高贵
的人，其名望也很高，
所以，必须找到不可

> 小故事 〈

　　札木合说，他自己源自异
族。这是有根据的,《蒙古秘史》
卷一中有详细的记录。札木合
的创氏祖先札只剌歹是圣母阿
阑豁阿感光所生的儿子之一孛
端察儿，从统格黎溪边掳来的
孕妇之子。札木合在生命的最
后时刻谈到了这一问题，其用
意极为复杂。

·"至元通行宝钞"纸币·

饶恕的罪名才行。这样吧！昔日，当搠只答儿马剌、绐察儿二人因争夺马群发生争端时，安答札木合你图谋不轨，在答阑巴勒渚惕一地突然发起攻击，迫使我躲入者列捏峡谷。如今想和你重归于好，然而你又坚决不肯。虽然我非常爱惜你的性命，但我已别无选择。现在，我可以满足你的要求，赐你不流血而死。我们不会让你暴尸野外，也定会将你依礼厚葬。"

札木合即被处死，他的尸骨亦被厚葬入土。

至此，毡房百姓已被全部平定。成吉思汗于虎儿年（丙寅、公元1206年）在斡难河源头召集盛大聚会，庄严地升起了九旒白纛。在此次聚会上，帖木真被正式推举为成吉思汗，成为毡房百姓的最高君主。

此次聚会又赐木合黎以国王称号。同时，派者别出征，讨伐乃蛮余部古出鲁克罕。

见蒙古各部已被完全统一，成吉思汗降旨道："此次建国，众家兄弟功不可没。现在我以千户为单位，一一委付你们为千户长！"此次

被委付为千户长的分别是：
老父蒙力克、孛斡儿出、木合黎、豁儿赤、亦鲁该、主儿扯歹、忽难、忽必来、者勒篾、秃格、迭该、脱栾、汪古儿、赤勒古台、孛罗忽勒、失吉忽秃忽、曲出、阔阔出、豁儿豁孙、兀孙、忽亦勒答儿、失鲁孩、者台、塔孩、察合安豁阿、阿剌黑、锁儿罕失剌、不鲁罕、合剌察儿、阔可搠思、速亦客秃、纳牙阿、冢率、古出古儿、巴剌、斡罗纳儿台、歹亦儿、木格、不只儿、蒙古兀儿、朵罗阿歹、孛坚、忽都思、马剌勒、

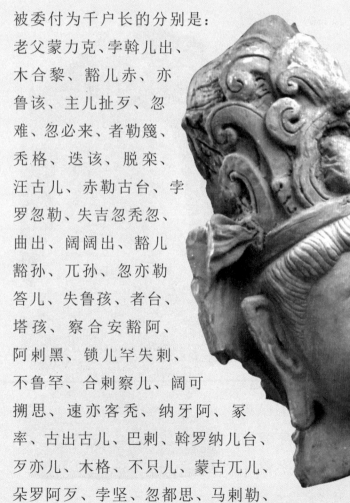

· 灰陶菩萨像 ·

者卜客、余鲁罕、阔阔、者别、兀都台、巴剌扯儿必、客帖、速别额台、蒙可、哈勒札、忽儿察忽思、荀吉、巴歹、乞失里黑、客台、察兀儿孩、翁吉阑、脱欢帖木儿、篾格秃、合答安、抹罗合、朵里不合、亦都合歹、失剌忽勒、倒温、塔马赤、合兀阑、阿勒赤、脱撒合、统灰歹、脱不合、阿只乃、秃亦迭格儿、薛潮兀儿、者迭儿、斡剌儿女婿、轻吉牙台女

婿、不合女婿、忽邻勒、阿失黑女婿、合歹女婿、赤古女婿、阿勒赤女婿等翁吉剌惕三千户、不秃女婿等亦乞列思二千户、汪古惕之阿剌忽失的吉惕忽里女婿等汪古惕五千户。除森林百姓之外，被成吉思汗委付的大蒙古国千户官共为九十五人。

成吉思汗委付完包括女婿在内的九十五名千户官之后，又降旨道："立有大功者再行恩赏！"便命已在身旁的失吉忽秃忽去唤孛斡儿出、木合黎等。

· 应历年石佛像 ·

为此，失吉忽秃忽说道："孛斡儿出、木合黎等效力比谁多？若行恩赏，我出的力少于谁？我做的事又少于谁？

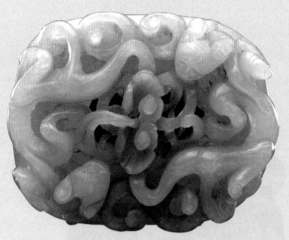

·蟠螭纹玉带饰·

> 摇车中嗷嗷待哺的时候
> 我就来到了你高贵的家门
> 直到变成胡须长长的老翁
> 我忠心耿耿未生异思别想。
> 自年幼无知常尿裤裆起
> 我就来到了你黄金门槛
> 直到变成这乌发花白的老翁
> 我勤奋劳碌未曾误过半件事。
> 如同亲生的儿子
> 母亲容我于自己的怀抱
> 如同亲生的弟弟
> 你亦纳我于自己的身旁！
> 如今你将与我什么样的恩赏？"

听罢所言，成吉思汗对失吉忽秃忽说道："你不是我的六弟吗？将同我亲生兄弟一样，分给义弟你一份家产。并念你立有多功，再赐你九罪不罚之赏！"成吉思汗接着说道："在那长生天的保佑下，你要成为我大业征程的听之聪耳，视之明目。要为我的母亲、诸弟及孩儿们分配毡房、百姓及板门百姓中应占的物利与居民。你所定下的律令，任何人不得更改。举国之内惩盗除奸，断明是非等由你掌管。论死、论罚由你决断。"这样，失吉忽秃忽被成吉思汗委付为最高断事官。成吉思汗又嘱咐道："将全国属民的分配情况，断办案件是非，造青册一一记录。凡失吉忽秃忽与我商定后用白纸青字写就的青册文书要传之子孙之子孙，其内容永世不得更改。如有更改者，则以罪过罚处！"失吉忽秃忽说道："我仅是您的义弟，怎能分取与您的亲兄弟相同的家产呢？您如恩赏，分给我一些建有土房子的城寨居民就可以了。""你自己酌情而定便是。"成吉思汗恩准道。如此这般，失吉忽秃忽先行请得恩赐后，才去唤来孛斡儿出、木合黎等受赏。

成吉思汗对蒙力克老父说道："你与

·五体文夜巡牌·

> 蒙力克 〈

成吉思汗赐给蒙力克老父的这个座位是个什么样的席位呢？按蒙古人的习俗，就是一排座位的右上方。这是受尊敬的人才能享受到的座位。据此，学者们认为：蒙力克不仅参加议事会议讨论国家大事，而且也享有成吉思汗顾问的身份。

我同生死，共命运。吉祥多福的你，相济相助功德几多。从中可举一例说来，当年，老父王罕与桑昆安答二人设下陷阱邀我前去。半途中，我到你家过夜。那时，如果没有你的劝阻，我就会坠入深水、身陷火海而死。你的这般功德永世不会忘记。作为回报，今特赐上座于你，并将赏你俸禄，直至子孙后代永远享有！"

　　成吉思汗对孛斡儿出说道："在我年少时，匪贼劫走了我家八匹马。我苦苦追寻三日三夜时遇见了你。你为帮助落难的我，顾不得回家向父亲打一声招呼，就地弃下盛满奶水的木桶，给我换上你家黑脊白马后，骑上自己的淡黄快马，与我一起追踪劫匪三日三夜。你我二人追将过去，从劫匪营地赶回了被劫走的八匹马。你本是富贵人家纳忽伯颜的独生子，不知何故与我相伴为友。你是真诚无私地与我交往的。之后，我念你不已，派别勒古台邀你前来时，你骑上甘草黄马，披着一张青毡，毫不犹豫地来到了我的身边。当篾儿乞惕三氏前来袭击我，三度围困我于

·龙首双系兽纹赏瓶·

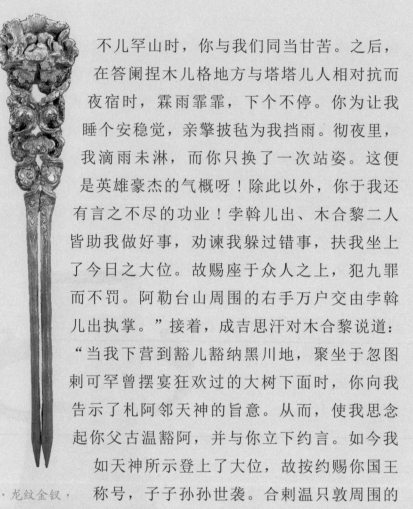

·龙纹金钗·

不儿罕山时，你与我们同当甘苦。之后，在答阑捏木儿格地方与塔塔儿人相对抗而夜宿时，霖雨霏霏，下个不停。你为让我睡个安稳觉，亲擎披毡为我挡雨。彻夜里，我滴雨未淋，而你只换了一次站姿。这便是英雄豪杰的气概呀！除此以外，你于我还有言之不尽的功业！孛斡儿出、木合黎二人皆助我做好事，劝谏我躲过错事，扶我坐上了今日之大位。故赐座于众人之上，犯九罪而不罚。阿勒台山周围的右手万户交由孛斡儿出执掌。"接着，成吉思汗对木合黎说道："当我下营到豁儿豁纳黑川地，聚坐于忽图剌可罕曾摆宴狂欢过的大树下面时，你向我告示了札阿邻天神的旨意。从而，使我思念起你父古温豁阿，并与你立下约言。如今我如天神所示登上了大位，故按约赐你国王称号，子子孙孙世袭。合剌温只敦周围的左手万户交由木合黎执掌。"

接着，成吉思汗又对豁儿赤说道：

"自从幼小的时候
做我吉祥的朋友
与我同受冬寒苦
相济相助至如今。
记得昔日很早时
你预言吉祥之兆

说天佑我成大业
要我赐你妻三十。

如今，你的预言已成事实。所以，可从投奔而来的百姓中按数选取。"并令豁儿赤执掌："在三千巴阿邻上加塔孩、阿失黑二人和阿答儿勤的赤那思部、脱斡劣思部、帖良古惕部组成的万户百姓。可占据自额儿的石河流域至森林百姓的广阔土地，兼执掌森林

> 小故事 〈

　　一个富足之人纳忽伯颜的独生子，拥有一辈子都享用不完的财产的人，为什么义无反顾地帮助和跟随挣扎在苦难之中的少年成吉思汗呢？这一点，成吉思汗也没能说清楚。不图回报，是孛斡儿出初见少年成吉思汗时的人生宣言。如今，成吉思汗给了他很多，委付万户的同时又授了他谏官之职。也许，这一切都不是他所想要的。那么，孛斡儿出对成吉思汗的义无反顾，赴汤蹈火，也许就是因为成吉思汗有着"眼里有火，面上有光"的非凡之貌？

百姓之事务。未经豁儿赤允许，森林百姓不得妄自迁行。如有违者，豁儿赤万户自行严罚。"

　　成吉思汗对主儿扯歹说道："如要说起你的功绩，则必谈合剌合勒只惕一战。当我们与客列亦惕在合剌合勒只惕开战时，先行请战者虽为忽亦勒答儿兄弟，但起到最大作用的则是你主儿扯歹本人。猛冲过去的主

·孔雀蓝盖罐·

儿扯歹你一路压过只儿斤、土绵土别干、斡栾董合亦惕、
豁里失列门、千名近卫等先锋精锐，直至敌方主力后
用兀出箭射中了桑昆的颧骨，从而开启了胜利的天门。
若不射伤桑昆的颧骨，战事结果则难以料想。这便是
主儿扯歹你立下的盖世之功！我们离开那里，向合勒
合河撤去时，我在心中默默地把你当成遮护我们的高
山峻岭。后来，我们到巴勒注纳湖下营，从巴勒注纳
湖我又以你为先锋，征讨客列亦惕国。天赞地助，我
们一举征服了客列亦惕人。由于先行灭掉了其主力客
列亦惕，遂使乃蛮、篾儿乞惕也相继不敌而溃。
当乃蛮、篾儿乞惕等纷纷溃败之时，客列
亦惕的札合敢不以献其二女为由，带着
族众留在了我们的营地。但他不久又叛
变而去。为了惩戒叛逃之敌，主儿
扯歹又以计谋除掉已远去的札合
敢不，并征服了他的族众百姓。
这是主儿扯歹立下的又一功
劳。

　　在与敌人相杀的时候
　　从未顾及自己的性命
　　在战场厮杀的时候
　　从未介意自己的存亡"
　　念主儿扯歹凡此种种
效忠之心，成吉思汗将亦巴
合别乞夫人赐给了主儿扯歹。

·青瓷武士造像·

蒙古秘史

成吉思汗对亦巴合别乞说道：

"并非嫌你相貌气度

也非嫌你头脑智商

是为奖赏大业中坚

功臣猛将主儿扯歹

今将怀中脚下的你

当作我心赐将过去。

以此表彰他

战时做我护身之盾

杀时成我保命之甲

为我那被劫破碎的

家国江山属民百姓

立下许多不世功勋！

〉小故事〈

亦巴合别乞是王罕的弟弟札合敢不之女。据学者研究，当成吉思汗消灭王罕时，札合敢不等因客居乃蛮而未被触及。王罕被消灭后，札合敢不便回到了昔日安答——成吉思汗处。成吉思汗为了让他统治客列亦惕部，就娶了他的女儿亦巴合别乞。如今，札合敢不因叛离而受到惩处，其女亦巴合别乞也被当作赏品赐给了主儿扯歹。

之所以，把你赐给主儿扯歹，是从上述大处考虑的。即日起直到我子孙之子孙，凡继我大位者都应照此做法知恩图报，须延续亦巴合别乞之位于永世！"

成吉思汗又对亦巴合别乞说道："当初你来嫁我时，你父亲札合敢不将阿失黑帖木儿、阿勒赤黑司厨等二百人赠送你作了陪嫁。如今，你将随兀鲁兀惕百姓而去，请把阿失黑帖木儿司厨等一百人留于我处为念。"成吉思汗转而对主儿扯歹说："我把亦巴合别乞赐给了你，你要掌管兀鲁兀惕的四千户百姓吧！"

卷
九

成吉思汗对忽必来说道："你
为我拧断了强壮者的脖颈，折断了
威猛者的腰脊。忽必来、者勒篾、
者别、速别额台你们四人乃是我
不可多得的四员虎将。你们四
人——

照我所指赴汤蹈火
击碎坚石险崖
照我所示前行无阻
战而杀尽顽敌强虏！
势如搬山
力如倒海
一路征战到了今天！

在那纷乱的日子里，将忽必

·高丽瓷花瓶·

来、者勒篾、者别、
速别额台四狗派往所
需之处，将孛斡儿出、
木合黎、孛罗忽勒、
赤剌温四杰留在身边，
战事起则以主儿扯歹、
忽亦勒答儿为帅，带
兀鲁兀惕、忙忽惕众
勇士冲上去，我的心

〉忽必来〈

这里提到的忽必来与元朝皇帝忽必烈蒙古文读音相同，但属不同的两个人。此忽必来是成吉思汗与札木合分手时，投奔而来的巴鲁剌思氏首领，后成为成吉思汗的四员虎将之一。忽必来、者勒篾、者别、速别额台又被称为成吉思汗的"四狗"。

才能安稳踏实。"遂又令道："凡军旅之事，由忽必来统领。还有别都温，因他执拗成性，我未封他千户。你来调教一下，若能配合，可与他共同管理千户。看他会有怎样的变化。"

成吉思汗对格你格思部的忽难说道："孛斡儿出、木合黎等官员，朵歹、朵豁勒忽等参谋官们，下面说说忽难这个人：

如同黑夜里的野狼

又如白昼里的猛禽

居住时决不离去

迁行时决不滞留

从来不与他人暗好

从来不与仇人交往

一心一意伴我左右

·彩绘胡人陶俑·

竭尽全力为我劳作！

所以，你们以后做事，都要与忽难、阔阔搠思商量。如无二人准许，不得任意妄行。儿子当中拙赤是我长子，忽难就为拙赤手下万户官，统领格你格思族众。忽难、阔阔搠思、迭该、兀孙老汉这四人要向我言其所见，道其所闻，不可含糊。"

成吉思汗对者勒篾说："当我在斡难河畔的迭里温孛勒答黑出生时，札儿赤兀歹老人背着鼓风皮囊，领着小儿你，自不儿罕山来到我家，给我送了一件貂皮褥裤。自那以来，你就像我家私奴佣，又如兄弟手足，为我出力出汗劳苦功高。我那生在貂皮褥裤里的吉祥之友，与我同生同长患难与共的手足同伴者勒篾你可犯九罪而不罚！"

成吉思汗对脱栾说："你与你父亲本有各自的千户，但在破敌立国的征程中，你不争功名，默默与你父亲配合，成就的功业甚多。所以，我曾委付你做了参谋官。现在，你可将征服的百姓、收集的部众另行编成千户，与脱鲁罕一道共商掌管。"

成吉思汗对汪古儿说："蒙格秃乞颜的儿子汪古儿你，带着脱忽剌

·褐釉四系罐·

兀惕三部百姓，塔儿忽惕、敝失兀惕、巴牙兀惕五部众人与我为一营共处至今。

> 浓雾之下不曾迷途
> 纷乱之中未曾离身
> 泥泞之中相伴共湿
> 寒风之下相随同寒

·玉香炉·

如今，你要我如何恩赐你？"汪古儿说道："若允许我择取恩赐，则有一请求，还望恩准。如今，我巴牙兀惕兄弟散居在各个部落之中，如果可罕恩准，我愿将他们聚到一起管理起来。"

"那好吧，你就将他们收集到一起，做他们的千户官！"成吉思汗恩准汪古儿的请求后，转而说道："汪古儿、孛罗忽勒你们二人为我左右两侧总管：

> 不断
> 右厢众人所需
> 不断
> 左侧众人所用

如此这般，众人所需物用由你们二人负责发放，我才放心踏实。现在，你们二人就去准备发放食物。要在中心大帐酒局两侧各设一处发放点予以发放，届时，汪古儿、孛罗忽勒你们二人与脱栾一起坐镇指挥。"

成吉思汗又对孛罗忽勒说："失吉忽秃忽、孛罗忽勒、曲出、阔阔出你们四个人是我母亲拾之于野，养之于怀的义子。我的母亲：

将拾于荒野的你们
当作自己膝下孩儿
细心照料拉扯长大
精心呵护培养成人

为的是，让你们成为我们的形影伴友。你们尽忠尽力，很好地回报了母亲的养育之恩。长期以来，孛罗忽勒作为我的伴友：

在那疾征如飞的途中
在那大雨滂沱的晚上
从未让我饥饿和空腹！
在那风云多变的日子里
在那与敌厮杀的战场上
从未断过热汤香肉！
当我向世仇塔塔儿
举起复仇的战刀
报那杀我父祖之仇时
当我以车轴量身
斩断男人罪恶的头颅
复那杀我父祖之仇时"

只身逃出的塔塔儿人合儿吉勒失剌因饥饿难忍又返了回来，闯进了我母亲的家中。当他说："进来

· 磁州窑黑釉贴花笔筒 ·

乞讨食物"时，母亲一边说着
"乞讨施合，可坐那边
等候"，一边让他坐
于门后右边床头。那
时，五岁的拖雷从
外头跑进屋里，又
要跑出去时，合儿吉
勒失剌起身跳去，一
把将拖雷夹在腋下。见
他一边夹着拖雷逃跑，一
边抽出身上的刀子时，母亲顿
感不妙，便大喊："他要杀我
孩子了！"这时，母亲的左邻孛

·花卉纹铁锈花罐·

罗忽勒之妻阿勒塔泥闻声赶来搭救。她奋力追上合儿
吉勒失剌，用一只手揪住他的头发，用另一只手猛拧
他正在抽刀的手，从而使刀子落了地。就在这时，正
在房后宰牛的者台、者勒篾二人闻得阿勒塔泥呼救声，
手拿刀斧而来，就地将合儿吉勒失剌乱刀砍死。事后
者台、者勒篾、阿勒塔泥三人互争救命之功时，者台、
者勒篾说道："若不是我们及时赶来杀死他，一个妇
道人家阿勒塔泥能够救得了孩子吗？孩子肯定被杀无
疑。所以，救命之功应归我们二人！"对此，阿勒塔泥
说道："如果没有听到我的呼救，你们能来帮忙吗？
如果不是我急忙追了上去，一边揪住他的头发，一边
拧掉他手中的刀子，合儿吉勒失剌就会在者台、者勒

箧赶来之前害了孩子的。"如此一说，头功就归了阿勒塔泥。孛罗忽勒之妻阿勒塔泥不仅协助孛罗忽勒为我效力，还救了我儿拖雷一命。还有，在合剌合勒只惕我们与客列亦惕激战时，斡歌歹脖颈中箭而落马。孛罗忽勒彻夜守护在斡歌歹身边，不断用嘴吸出伤口中的凝血，第二天，又将无力乘骑的斡歌歹抱在马背上满脸是血地返了回来。孛罗忽勒因为有救我两个儿子性命之功，报答了我母亲给予他的养育之恩。一直以来，孛罗忽勒影随于我，听到我的召唤，就立即答应，实为江山大业贡献不小。故赐孛罗忽勒犯九罪而不究之赏。"

接着，成吉思汗说道："现在恩赏我族中的女子。"

成吉思汗又对兀孙老人说道："兀孙、忽难、阔阔搠思、迭该四人一直对我忠心耿耿，从不隐瞒所见所闻，及时向我如实陈说。在蒙古的传统政体中素有封别乞（长老之意）的习惯。现在依照将老者封为别乞的规矩，将巴阿邻长者兀孙封为别乞。做别乞后，兀孙老人

> 着白衣，骑白马 <

白色，在古代蒙古人的心目中有崇高的地位。札奇斯钦先生在解读这一现象时说："蒙古人崇尚白色，以白色为诸色之首。象征元始、幸福和丰富。"此外，蒙古人还认为白色是吉祥之色。所以，在这里成吉思汗明确提出了"要着白衣，骑白马"的要求。学者认为，成吉思汗设置的这个职位，在萨满教发展史上具有里程碑式的意义。因为，它开始改变了千百年来萨满教无组织、无正式机构的状态。

要着白衣，骑白马，坐上座而行祭祀礼仪，并要负责选定吉日良辰等。"

成吉思汗又说道："已故的忽亦勒答儿安答曾有请战出征之功。故赐其遗孤们领取优抚的恩典。"

·透雕鱼龙纹玉饰·

成吉思汗又对察罕豁阿之子纳邻脱斡里勒说道："你父察罕豁阿一直为我奋不顾身拼杀在前，在答阑巴勒注惕一战中不幸被札木合杀死。如今，你可以以父亲之功，领取我优抚的恩典。"听罢，纳邻脱斡里勒请求道："现在，我捏古思氏兄弟已被分散到了四处。若可罕恩准，我欲将捏古思兄弟集中到一处。"成吉思汗恩准其请求道："若有此意，就将捏古思兄弟集中到一处，并将其掌管到子孙之子孙！"

成吉思汗对锁儿罕失剌说道："当我年少时，泰亦赤兀惕氏塔儿忽台乞邻勒秃黑兄弟于我无端忌妒，将我抓去加以迫害。锁儿罕失剌不忍目睹我被其族众兄弟嫉妒迫害的惨状，不仅让他的赤剌温、沉白两个儿子将我藏匿于羊毛车，又叫他的女儿合答安看护照

〉赤刺温〈

成吉思汗说，他不会忘记赤刺温、沉白二人曾经说过的话。这便是：当年被泰亦赤兀惕人抓去的成吉思汗趁夜逃入锁儿罕失刺家后，其子赤刺温、沉白对父亲所说的话："被鹰追袭的小鸟如果躲进树丛，树丛会护救小鸟的。如今人家投奔我们来了，怎能说这样的话呢！"

顾，最后还帮我逃出了虎穴。此恩此德，我时至今日记于心中，夜念于梦里。稍后，锁儿罕失刺携家室自泰亦赤兀惕姗姗而来，投奔了我。如今，你等欲获何种恩赏？"锁儿罕失刺及其子赤刺温、沉白说道："若可罕恩准，我等欲到篾儿乞惕的故乡薛凉格河一带过自由自在的生活。再有它赐，成吉思汗降旨便是。"于是，成吉思汗恩准道："就以篾儿乞惕之地薛凉格河一带为领地，身带弓箭，常行欢宴，去过自由自在的生活吧，直至子孙之子孙。另赐你等犯九罪而不究之赏！"

成吉思汗还对赤刺温、沉白强调道："我不会忘记你们二人曾经说过的话。今后，你们二人如需诉衷肠，

〉薛凉格河〈

薛凉格河，即今流经蒙古国库苏古尔省、布尔干省、色楞格省和俄罗斯布里亚特共和国境内注入贝加尔湖的色楞格河。在成吉思汗统一蒙古以前，这里是强大的篾儿乞惕部人居住的地方。成吉思汗将这一富饶之地赐给他救命恩人的同时，又赐给了他"自由人"的地位。据学者研究，"自由人"是当时享有若干特权的人，他可以在特许的封地内自由下营：战争时可将所得的战利品和狩猎时所杀的猎物占为己有。

蒙古秘史

求所需，则当面告我。勿需他人传言。"说毕，还对
锁儿罕失剌、巴歹、乞失里黑嘱咐道："封锁儿罕失剌、
巴歹、乞失里黑为答儿罕（自由人之意），并可——

凡战利之品
概留归己
凡猎获之物
全取自用！"

并说："锁儿罕失剌乃是泰
亦赤兀惕人脱朵格家之人，而
巴歹、乞失里黑二人是也客扯
连家的牧马人。从今天起做
我近卫侍从，欢宴时斟献酒
肴而享答儿罕神圣之乐！"

成吉思汗又对纳牙阿说
道："当年，失儿古额秃老人
与他的阿剌黑、纳牙阿两个儿
子将其头人塔儿忽台乞邻勒秃
黑擒而押往我处。当走到忽秃
忽勒弯后，纳牙阿说，'怎能
忍心把自己的头人押送过去
呢？'从而，把塔儿忽台
乞邻勒秃黑放回家中。而
后，失儿古额秃老人，他
的儿子阿剌黑、纳牙阿等
来到我处。纳牙阿说道'我们

· 铜佛像 ·

> 万户官 〈

委付千户、万户、顾问、谏官、断事官，分封领地、属民，至此，成吉思汗完成了草原帝国的政权构筑。在评价这以千户为制度基础的政权模式时，《世界征服者史》的作者志费尼说："整个世界上，有什么军队能跟蒙古军队相匹敌呢？战争时期，当冲锋陷阵时，他们像受过训练的野兽，去追逐猎物，但在太平无事的日子里，他们又像绵羊，生产乳汁、羊毛和其他许多有用之物。"所以，有学者惊叹道："组织军队的最好方法确实莫过于此！"

本来是押着塔儿忽台乞邻勒秃黑前来的。但在半路上，又不忍心背弃而将他放了回去。我们是来为成吉思汗效力的，如果我们把自己的头人押送过来，那么，您又怎能相信我等冒犯自家头人的贱民呢！'当时，我颇为赏识纳牙阿的明理之举，并认为他是个可信可交之人。曾说过'委以重任'的。如今，孛斡儿出做了右手万户官，木合黎作为国王执掌了左手万户。现在，纳牙阿就执掌我中央万户吧！"

成吉思汗又恩准者别、速别额台二人将自己收集的百姓整编成千户来执掌。同时，将四处散民集中成千户，

> 成吉思汗 〈

成吉思汗建立的这支新队伍，蒙古语叫"克什克腾"，汉译为"怯薛军"，其意思便是近卫军或护卫军。学者们认为，怯薛军的建立，标志着成吉思汗政权的完全确立。怯薛军是以万户、千户、百户等各级官员"子嗣"为骨干，用赏赐、特权等培植起来的，由成吉思汗的心腹勇将管领的，由成吉思汗亲自领导和指挥的常备军，也是当时大蒙古国武装力量的中坚。

蒙古秘史

交给了牧羊者迭该。至此，成吉思汗已将举国百姓全部划归到了各级官吏的手中。所以，轮到恩赏木匠古出古儿时，只好从各处抽出一批百姓与札答阑氏木勒合勒忽的属众合为千户，交由古出古儿、木勒合勒忽二人"协同知掌"。

这样，成吉思汗对开国功臣，创业操劳者委以万户、千户、百户、十户等各种官职并完成种种赏赐之后，说道："此前，我曾有八十人的宿卫队，七十人的近卫队。如今，我依靠长生天的气力，天地之佑助，已收天下百姓于手中。所以，将我侍卫队扩充至千人，连同宿卫队、弓箭手、近卫队等为我配备一万人的近卫主力。"接着，就遴选近卫一事向千户长们下令道："在为我组建近卫时，要从万户长、千户长、百户长及自由人的孩子中选调，并将其中的智聪体健，胜当此任者召进来。被召入我近卫军者，若是千户长之子，则带一弟十伴从来；若是百户长之了，则要带一弟五伴从来；若是十户长及自由

· 蓝釉香炉 ·

人之子，则带一弟三伴从来。前来时，须从当地备好乘骑及所需。凡被召入我近卫军的千户长之子，将十名伴从者及所需之品，可从所辖千户中征召，不论其家产多丰，马匹多少，须按我之所限配备前来。百户长之子与伴从者五人，十户长及自由人之子与伴从者三人，也依此规矩另以自家财产而征召配备。在千户长、百户长、十户长及众人中有违此令者要严惩。如果，应被召入者，不可推卸者，躲避而不肯走于我前后的，可用他人替来，而将躲避者当罪论刑，流放到目不可及的远方去。与此同时，如有人愿于我前后左右，做事学习，概许其前来而不准阻拦！"

根据成吉思汗的指令，从千户长、百户长、十户长之子中挑选出来的智聪体健者已将宿卫队从原来的八十人扩充到了八百人。对此，成吉思汗又下令道："须将宿卫队人数增加到一千，凡愿入宿卫队者勿行阻拦地招进来！"并令："也客捏兀邻为千户长，统领宿卫队！"又令："选出四百人的弓箭手，由者勒篾之子也

·银玉壶春瓶·

孙帖格带队，并与秃格之子不吉歹协力指挥。"还令：
"将近卫、侍卫等分成四组，轮换服侍于我。由也孙
帖格指挥一组弓箭手，由不吉歹指挥另一组弓箭手，三、
四组弓箭手由火儿忽台黑、刺卜刺合二人分别指挥。
要照此办法管理和指挥近卫弓箭手。将弓箭手增至千
人，由也孙帖格统领指挥！"

　　成吉思汗又下令道："将原斡格来参谋官管领的
侍卫扩充至千人，仍交孛斡儿出的
族亲斡格来指挥。木合黎族亲不
合也指挥千名散班。交亦鲁该
族亲阿勒赤歹指挥千名侍卫。
将千名侍卫交朵歹参谋官指挥。
将又一千名侍卫交脱豁勒忽参谋
官指挥。将千名侍卫交主儿扯歹族亲
察乃指挥。将又一千名侍卫交阿勒赤
族亲阿忽台指挥。再将遴选出千名精
勇交阿儿孩合撒儿指挥，平日里侍卫们
按班轮值，开战之日则来做我冲锋
陷阵的先锋队。"如此这般，将来
自各千户的众勇士整编成了八千侍
卫，再与两千名宿卫队、弓箭手一
起组成了一万人的近卫军。至此，
成吉思汗降下了"将我万名近卫
组成中军主力"的指令。

　　成吉思汗下令又将八千侍

·金刚铃·

·掐丝镶宝金饰·

卫分成四组后，分别委派道："由不合管领整治一组侍卫；由阿勒赤歹管领整治一组侍卫；由朵歹参谋官管领整治一组侍卫；由脱忽勒忽参谋官管领整治一组侍卫。"接着又令道："各组管领将本组侍卫派入岗位后，须轮值护卫服侍三昼夜。轮值之人若失职或误岗，须处三鞭之罚，若再犯此过，则处七鞭之罚；再若此人身体康健而又不经管领允许，三犯此过，可处三十七鞭之罚，并须将其发配到目不可及的远方去！各管领须将此令传下去，不传者则按有过处置。对有令不行而明知故犯者，则按上述规矩严惩。未经我的许可，各管领不得擅自处罚正在值岗的侍卫。如有犯过者，须告我准许后当罚则罚，当杀则杀。管领者，如以长官自居对同岗者妄动拳掌，则可以杖还杖，以拳还拳！"

成吉思汗又令道："我的侍卫人员之身份，当高于一般的千户官。一般的千户官若与我侍卫发生争执，则按律令将其罚处！"

成吉思汗对各班组侍卫管领吩咐道："白天，弓箭手和侍卫人员按照各自的岗班职责完成一天的护卫服侍任务后，须在日落前向宿卫队交岗，然后撤到院外宿营。夜间，由宿卫队服侍护卫我们。换岗时，弓箭手及服侍人员须将弓箭、锅碗等交给宿卫人员。第二天，前来接岗的弓箭手、侍卫及司厨们先到大桩前结队等候，待我们用完早汤后方可入内与宿卫人员交接岗班。之后，弓箭手拿起弓箭，侍卫人员各就各位，司厨者操起瓢盆，各自做起分内之事。今后，各班侍卫人员等须照此律轮换值岗。日落后，任何人不得到寝宫前后行走，违者须先拿下，待到日出后再行盘问。宿卫间换班时须验信符身份。交岗后，宿卫人员可到院外宿营。"

接着，成吉思汗又令道："宿卫时，宿卫队要就位于寝宫周围，大门两侧，如有闯入者一概砍落其肩膀，斩断其头颅。夜送急报的人须通报宿卫人员，在宿卫人员的陪伴下从房后报告所报事宜。不论何人，不得坐于宿卫班岗，不经宿卫准许不得入内。不论何人，不得靠近宿卫之岗，不得行走在岗址之间，不得探问当班人数。靠近者当拿无疑，而对探问人数者，则要扣其所乘之马，脱其所着之衣。"

又道："额勒只格歹虽是我心腹之人，但不也因靠近岗班而被逮捕起来了吗？"

卷十

成吉思汗盛赞其侍卫人员道：

"在那黑云密布的夜晚
守着我风中的毡房
使我安心入眠的宿卫们
扶我登上大位的功臣们！
在那繁星闪烁的长夜
卧于我寝帐的周围
未使我梦中惊醒的宿卫们
扶我登上了今天的高位！
在那瓢泼倾盆的大雨中
在那瑟瑟刺骨的寒风中
是我吉祥心诚的宿卫们
守着我圣洁的毡房
护着我生命的温床

·立粉高足杯·

扶我登上了可罕的宝座！·

在那乱箭飞舞的日子里

在那仇敌猖獗的危情中

是我神勇机警的宿卫们

昼夜守护我居住的毡房

奋力保卫我热血的生命

未曾误过一次

桦皮箭筒的响动！

未曾错过一次

柳木箭筒的响动！

故将随我多年的宿卫们

称为吉祥的老卫士！

须将斡格来之七十近卫

称为尊贵的大卫士！

须将阿儿孩手下的精锐

称为无敌的老勇士！

须将也孙帖格、不吉歹所属

称为开元的神箭手！

· 青铜蜡台 ·

九十五名千户官为我选招配备的万名近卫军是我独自拥有的心爱之旅。来日，孩儿们继我大位之后，须将他们当作我留给后世的纪念或遗物加以珍视善待，使他们不受灾祸之苦，要厚待他们。"

成吉思汗又吩咐道："宫内女侍、男佣、司驼者、司牛者及宫中房车等由侍卫人员掌管。纛、鼓、仪枪等由侍卫人员管理。锅碗瓢盆等餐饮用具也由侍卫人员保管。日常食物、饮品及油肉等也由侍卫人员调配。饮食物品缺乏时，也须叫侍卫人员解决。弓箭手在分发食品时，未经侍卫许可不得发放。饮食物品须先给侍卫人员发放。"接着又道："宫室内外人员的出入须由侍卫人员管理。内宫各门须由侍卫人员把守。殿内酒局须由两名侍卫料理。迁移、建营等事宜也须由侍卫人员负责。当我们出外打猎时，除安排适当的留守以外，其他侍卫人员须随我一同狩猎。"

成吉思汗又说道："我若不亲征参战，侍卫人员亦不能离我前去征战。如违此令，擅派侍卫征战的，则以违令之罪责罚军务参谋官。我为何不让我的侍卫们出征参战呢？因为他们守护着我金贵的生命。他们不仅守护我，还要随我狩猎奔波，又要料理我起居生活，车马行营。守夜的差事本不轻松，再加上料理车马及大本营的行迁起居等，其差事之重不言而喻。这便是我不准其离我出征的原因！"

成吉思汗又命令道："失吉忽秃忽断事办案，须有侍卫人员参与。弓箭、套筒、衣甲、枪械等由侍卫人员保管、发放。此等器用的驮运、卸置亦由侍卫人员负责。侍卫人员协同参谋官操持物品发放事

·龙泉窑剔花玉壶春瓶·

〉 合儿鲁兀惕 〈

合儿鲁兀惕，通常称哈剌鲁，系西突厥中"葛逻禄"的异译。这里归顺忽必来，并随他前来拜谒成吉思汗的阿儿思阑是一支哈剌鲁人的首领。当时臣属西辽，生活于今巴尔喀什湖南部伊犁河和楚河一带。西辽通过派往这里的"少监"进行监督。末日临近的西辽日趋腐朽，驻哈剌鲁的"少监"越发专横、暴虐。于是哈剌鲁首领阿儿思阑审时度势，杀掉西辽"少监"，投降了成吉思汗。

宜。迁营时，由弓箭手、侍卫等选定帐址后，也孙帖格、不吉歹所率弓箭手，阿勒赤歹、斡歌来、阿忽台所率近卫们随我帐车右侧前行。不合、朵歹、脱豁勒忽、察乃所率近卫们随我帐车左侧前行。阿儿孩所率勇士们则要走在帐车之前。侍卫要走在帐车两旁护驾前行。其他近卫、侍卫及后宫家眷、养马、放羊、司驼、司牛人等在朵歹参谋官的指挥下跟在帐车之后尾随而行。"

将朝政大制安排妥当后，成吉思汗派忽必来出征合儿鲁兀惕百姓。合儿鲁兀惕头人阿儿思阑颇识时务，立即归顺了忽必来那颜。于是，忽必来携阿儿思阑回到大本营，一同拜谒成吉思汗。为奖赏阿儿思

· 双狮石砚 ·

阑不战而降之
举，成吉思汗
赐恩道："将
我女儿许配于
你！"

率铁车军
出征的速别额
台勇士直追篾儿乞惕人脱黑脱阿别乞之子忽秃、赤剌
温而去，在垂河附近将其消灭后回到了大本营。

前去追剿乃蛮残部的者别所部在撒里黑崖一带剿
灭古出鲁克一伙之后也回到了大本营。

畏兀惕（委兀惕）之主亦都兀惕派阿惕乞剌黑、
答儿伯两名使者前来，向成吉思汗说道：

"如乌云散尽

方见艳阳灿烂

如封冰融尽

方闻河水欢唱

得闻成吉思汗
大名，我等惊喜之
极。今我等愿做您
金带之一环，衮服
之一缕，做您四子
之弟而效力献忠。"
成吉思汗听罢所
奏，立即复语道：

〉亦都兀惕〈

　　畏兀惕（委兀惕），部族名称。这里提到的委兀惕，便是西辽时期的"高昌回鹘"，蒙古汗国和元朝时期，称畏兀儿。委兀惕是委兀儿的复数。该部族曾建立过以高昌为都城的政权。成吉思汗建国时，他们臣属西辽。因西辽"少监""骄恣用权，奢淫自奉"，委兀惕之主亦都兀惕于1209年将"少监"杀死后投奔了成吉思汗。

"就做我第五子吧，我赐女儿与你！告亦都兀惕携其金、银、珍珠、东珠、金缎、妆缎等献品前来受我赏赐！"闻得成吉思汗嘉纳之言，亦都兀惕立即携其金、银、珍珠、东珠、金缎、妆缎等前来拜谒成吉思汗。成吉思汗降恩于亦都兀惕，遂将女儿阿勒阿勒坛嫁给了亦都兀惕。

　　兔儿年（丁卯、公元1207年），拙赤以不合为向导，率右路大军出征森林百姓。闻此消息，斡亦剌惕（森林百姓之意）之头人忽都合别乞率其万户百姓前来归降了大军。忽都合别乞归降后，又亲为拙赤引路，使大军很快打到了失黑失惕河一带。拙赤一路降服斡亦剌惕、不里牙惕、巴儿浑、兀儿速惕、合卜合纳思、康合思、秃巴思等部，挺进到万乞儿吉思疆土时，乞儿吉思部头人也迪、亦纳勒、阿勒迪额儿、斡列别克的斤等献白海青、白骏马、黑貂等归降了大

·青铜双耳赏瓶·

成吉思汗派长子拙赤（也写术赤）以非暴力手段征服了今布里亚特蒙古人、卡尔梅克蒙古人、巴尔虎蒙古人祖先在内的森林百姓。这与当时血肉横飞的征服情景形成了极大的反差。研究者认为：成吉思汗既不亲征，又不派经验丰富的将领，而派拙赤担当此任，可能有几个方面的考虑：其一，拙赤是孛儿帖夫人在从篾儿乞部被解救回来的路上生下的孩子，所以有篾儿乞人血统之嫌，兄弟中常遭"轻于诸弟"的待遇。在这样的情况下，让拙赤多受锻炼，建功立业，以此提高他的地位与威望。其二，拙赤不仅骁勇善战，还有个"不嗜杀"的难得之优点。因此，在不易纵骑激战的森林地区，运用汗国威力，广施招降手段，以达征服之目的的人选非拙赤莫属。这就是既为子之父，又为军之统帅的成吉思汗的用心良苦之处。

军。继而，拙赤又降服失必儿、客思的音、巴亦惕、秃合思、田列克、脱额列思、塔思、巴只吉惕以内的森林百姓，亲携乞儿吉思之万户官、千户官及森林百姓之头人们回到了大本营。归降的各部头人拜谒成吉思汗时献上了各自的白海青、白骏马、黑貂等见面礼。成吉思汗因忽都合别乞头人率斡亦剌惕万户不战迎降，将女儿扯扯亦干嫁给了其子亦纳勒赤。又将拙赤之女豁雷罕嫁给了亦纳勒赤之兄脱劣勒赤。还将

·铜挂饰·

蒙古秘史

·黄釉缠枝牡丹纹三足樽·

阿剌合别乞嫁给了汪古惕部。

成吉思汗赞许拙赤道："我的长了拙赤，初次离家出征，顺风顺水，未失一兵一马而降服了众家森林百姓。今将这些百姓全部赐给你！"

此后不久，成吉思汗又命孛罗忽勒出征豁里秃马惕百姓。时值豁里秃马惕百姓头人歹都忽勒莎豁儿已死，他的妻子孛脱灰塔儿浑知掌豁里秃马惕百姓。至其疆域后，孛罗忽勒率三人走在大军前面。当孛罗忽勒等顺密林小径昼夜难辨地引路行进时，豁里秃马惕哨兵从后面包抄过来捉住并杀害了孛罗忽勒。听到孛罗忽勒被豁里秃马惕杀害的消息，成吉思汗勃然大怒，欲要亲征讨伐，孛斡儿出、木合黎二人急忙上前

> 豁里秃马惕 〈

据研究者称："豁里秃马惕，即为布里亚特蒙古之一部，是森林百姓中勇敢善战的一族。"以娶二十美女为妻而引发的这场事端，充分暴露了豁儿赤萨满的野性追求。对这次征军，海尼士先生曾解释说："这一次的进军，跨越森林高山，即使对能征惯战的蒙古兵说，也是很艰辛的。新任大将朵儿伯多黑申，拔自众将，必有特别适宜的才能。"

劝阻。于是，成吉思汗派朵儿伯台之勇将朵儿伯多黑申讨伐豁里秃马惕。临行时，成吉思汗下令道："要严治军队，要诚心祷告长生天，去降伏豁里秃马惕的百姓吧！"

朵儿伯多黑申率军抵达豁里秃马惕疆域后，派部分人马走到敌方山口哨卡前炫耀军威，自己则率其主力沿着忽剌安不合（红公牛之意）踏出的小径向前挺进。朵儿伯多黑申严令军人不得怯阵，怯阵者一律杖笞。便为每人配备十根梃及斧、锛、锯、凿等器械，沿忽剌安不合之踏迹，一路砍树攀行，登上了山的制高点。然后，从山顶一跃而下，一举俘虏了正在欢宴的豁里秃马惕部众。

朵儿伯多黑申到来之时，先前被豁里秃马惕俘获的豁儿赤万户、忽都合别乞二人在孛脱灰塔儿浑处已被囚禁多日。他俩被俘获的缘由是：豁儿赤万户依成吉思汗当初的恩准，到所辖的豁里秃马惕欲选三十美女为妻。不料，先已归顺的豁里秃马惕百姓重又造反了，拿下了前来选妻的豁儿赤万户。成吉思汗得知豁儿赤被擒后，派熟悉森林百姓情况的忽

· 青铜短流圣水壶 ·

都合别乞去劝解。可
豁里秃马惕又扣押了
前去劝解的忽都合别
乞。所以，降服了豁
里秃马惕百姓后，为安
慰孛罗忽勒之英灵，赐
其家眷一百户秃马惕
百姓。豁儿赤如愿以偿选娶了
三十美女。将孛脱灰塔儿浑夫
人则赐给了忽都合别乞。

·大铁锅·

"将百姓分给母亲、诸子、诸弟！"成吉思汗说道：
"为收八方百姓而辛勤操劳的不是还有我母亲、长子
拙赤、小弟帖木格（成吉思汗的小弟，有时以斡惕赤
斤字样出现，有时以帖木格字样出现）吗？"说罢，
成吉思汗分给母亲与小弟帖木格万户百姓时，母亲嫌
少而未语。接着，成吉思汗分给拙赤百姓九千，分给
察阿歹百姓八千，分给斡歌歹百姓五千，分给拖雷百
姓五千，分给合撒儿百姓四千，分给阿勒赤歹百姓两千，

〉答阿里台〈

　　答阿里台（也写答里台），也速该之弟，成吉思汗的亲
叔叔。当初推立成吉思汗的倡导者之一，战塔塔儿时因违
犯军纪而受过处罚，又因泄露"比轴而屠"之密而与别勒
古台一起被剥夺参加家族会议的资格。后随札木合投奔王
罕，帮助王罕攻打成吉思汗。之后，与札木合合谋篡权，
阴谋败露后，逃出王罕营地，重新回归到成吉思汗阵营。
对此，成吉思汗十分不满。

分给别勒古台百姓一千五百。

成吉思汗对答阿里台叔叔曾降服于客列亦惕人而颇为不满，故想置他于目不可及之处。对此，孛斡儿出、木合黎、失吉忽秃忽三人苦口相劝道："若是那样，如同自灭圣火，自毁家门，万不可取。答阿里台是您贤父遗留给您的唯一的叔叔，怎能忍心将他合弃？其不省之过，原谅便是。好让他继续升腾起您贤父故地的炊烟。"三人说得口干舌燥、鼻孔冒烟，成吉思汗念及贤父之恩，才听从了孛斡儿出、木合黎、失吉忽秃忽劝告，宽恕了答阿里台叔叔。

"我将万户百姓分给母亲和斡惕赤斤时，又给他俩委派了曲出、阔阔出、冢率、豁儿豁

·武士铜雕·

孙等四名辅佐官。为拙赤委派了忽难、蒙古兀儿、客帖三名辅佐官。为察阿歹委派了合剌察儿、蒙客、亦多忽歹三名辅佐官。"成吉思汗说道："察阿歹生性刚烈，阔阔搠思要常在他身边开导提醒！"接着，又为拖雷委派了者台、巴剌两名辅佐官，为合撒儿委派了者卜客，为阿勒赤歹委派了察兀儿孩等辅佐官。

· 铜禽形砝码 ·

晃豁塔歹氏蒙力克老父有七个儿子，其居中者是通天巫阔阔出。一天，晃豁塔歹氏七兄弟抓住合撒儿拳脚相加，猛打一顿。合撒儿被打后，前来跪告成吉思汗。这时，成吉思汗正

> 合撒儿 〈

　　成吉思汗的弟弟合撒儿素有神箭手、大力士之称。诃额仑母亲的话能够证明这一点。关于合撒儿，在蒙古族民间流传着许多神奇的传说，其中一个传说中讲道："一个邻国被成吉思汗打败了，这个国家的可罕答应给成吉思汗一箭之地。成吉思汗便叫合撒儿射箭。合撒儿拿起弓箭，将弓从早上一直拉到中午才把箭射了出去。在那个邻国中有一个眼望千里的慧眼人。此人随箭望去，只见呼啸而飞的合撒儿之箭丝毫没有下落之意。'这般飞去，可要越我疆界！'慧眼人心急之余，拿起自己的弓箭，将合撒儿之箭射落到了巴拉克湖一地。由此，成吉思汗的疆土伸展到了巴拉克湖一带。"

因它事而恼怒，所以没好气地说道："你不是英勇无敌吗？怎么败给了他们？"合撒儿委屈之极，满含热泪起身走出了成吉思汗的帐房。合撒儿怄气，一连三日未与成吉思汗见面。就在这时，通天巫前来向成吉思汗说道："札阿邻天神向我预示长生天旨意：一说是帖木真坐天下，再说是合撒儿坐天下。如不及早除掉合撒儿，将来之事实为难料！"

一听此话，成吉思汗趁夜出发，前去捉拿合撒儿。见此情景，曲出、阔阔出二人急忙报告诃额仑母亲："成吉思汗去抓合撒儿了！"诃额仑母亲赶忙驾起白驼黑帐车，连夜急行，次日日出时赶到合撒儿住地一看，成吉思汗果然已将合撒儿拿下，且正捆起衣袖，去其冠带而审问。见母亲到来，成吉思汗大为惊骇，躲到了一边。诃额仑母亲怒冲冲地跳下帐车，径直走到合撒儿前，亲手解去其捆绳，又将他的冠带还给了合撒儿。诃额仑母亲怒不可遏，盘腿坐到地上掏出自己的乳房，用手

· 灰陶俑 ·

蒙古秘史

托在两膝上，说："看见了吗？这便是你们一同吮吸的乳房！你这自咬己肋，自噬胞衣的东西！合撒儿犯什么罪了？那时，帖木真你能吸干我一侧乳房的奶子，合赤温、斡惕赤斤二人也不能吃尽我的一只奶。而合撒儿却能独自吸干我两个乳房的奶子，从而使我胸脯得以舒坦。所以，帖木真有心力，合撒儿却有体力。合撒儿能——

·青白釉瓶·

用其弯弓之力
使得敌人陆续来降！
用其射出之箭
使逃走者返回乞降！

如今，是否以为灭尽了敌人而容不下合撒儿了？"待母亲稍微气平后，成吉思汗说道："惹得母亲如此大怒，我很惧怕，很羞愧。我这就退去！"但在事后，成吉思汗仍背着母亲夺回了分给合撒儿的部分百姓，将他的百姓削减到了一千四百人。诃额仑母亲得知此事后，忧愁不已，迅速衰老了。在此期间，曾被成吉思汗委付给合撒儿的札剌亦儿台氏者卜客因惧怕，也逃到了巴儿忽真地区去了。

此事过后，九种语言的众人纷纷聚集到了通天巫的住处。其人数，甚至超过了成吉思汗拴马桩的数量。随着聚去的人群，斡惕赤斤的属民也投奔到了通天巫的手下。斡惕赤斤那颜派莎豁儿为使，前去召回离去的属民时，通天巫不无数落地说："斡惕赤斤大人倒是派了个大使者。"便将莎豁儿痛打一顿后，让他背着马鞍徒步走了回去。第二天，斡惕赤斤那颜亲自到通天巫住处，向通天巫说道："昨天，我派莎豁儿前来，你却把他打了回去。现在，我来讨回自己的属民。"

"派莎豁儿为使，你做得对吗？"斡惕赤斤话音未落，晃豁塔歹氏七兄弟厉声责问着，围了上来欲要动手。斡惕赤斤见势不妙，忙说不是："派人不妥，我错了！""知道错了，还不跪下！"气势汹汹的晃豁塔歹七兄弟逼着斡惕赤斤面朝通天巫的后背跪了下去。备受凌辱而未能讨回属民的斡惕赤斤，第二天一早

· 石雕狮子 ·

就来到了成吉思汗住处。那时，成
吉思汗尚未起床，斡惕赤斤径直跪到
仍躺在铺盖里的成吉思汗跟前，哭诉
道："九种语言众人聚集到了通天巫
的住处。为讨回属民，我派莎豁儿
前去。莎豁儿不仅未能讨回我的
属民，反而被他们毒打一顿后
背着马鞍走回了家中。见此，
我亲去索要。可是，晃豁塔
歹七兄弟不仅围攻我，还
让我面朝通天巫后背下跪
赔罪。"说罢，泣不成声。

　　没等成吉思汗说话，孛儿
帖夫人欠身坐起，用铺盖遮住胸
脯，泪流满面地说道："晃
豁塔歹人为何如此狂妄？

· 釉里红玉壶春瓶 ·

不久前围攻毒打合撒儿，今天又让斡惕赤斤面朝其背
而跪！这又是为什么呢？他们在欺负你如同松柏般伟
岸的弟弟们！他们今且如此，那在将来

　　若你白云般的身躯
　　随风飘去
　　能让你孤寡家小
　　掌管这江山大业？
　　若你高山般的身躯
　　轰然倾去

　　现在，他们就欺负你松柏般伟岸的弟弟。那么，将来还能让你那尚幼弱的孩子们掌管这家国江山吗？多么可怕的晃豁塔歹兄弟呀？看着他们如此欺侮你的几个弟弟，你怎能坐视不管呢？"孛儿帖夫人声泪俱下。见此，成吉思汗对斡惕赤斤说："通天巫一会儿就来，如何报仇，你自己看着办吧！"一听此话，斡惕赤斤拭泪而出，找来三名摔跤手做好了准备。没过多久，蒙力

·蒙古骑兵图·

克老父领着七个儿子来到成吉思汗住处，通天巫径直坐到了酒局右侧的位子。"昨天，你不是让我下跪赔罪吗？现在咱们出去比试比试！"斡惕赤斤一把揪住通天巫的衣领向外拖去。通天巫也一把抓住斡惕赤斤衣领厮打了起来。厮打中，通天巫的帽子掉到了炉灶上。蒙力克老父急忙上前将帽子拾起，吻了吻放入怀中。见他们厮打不解，成吉思汗说道："你们到外面去比试吧！"于是，斡惕赤斤猛一用力，将通天巫拖出了门槛。这时，等候在那里的摔跤手们一拥而上，'咔

·高颈玻璃瓶·

嚓'一声折断通天巫的腰椎，将他扔到了左侧车阵一旁。事毕，斡惕赤斤进屋说道："昨天，他让我下跪赔罪。今天，我要跟他一比高下，可他却躺在地上赖着不起。真是个狡猾的家伙！"

　　一听此话，蒙力克老父揣测出了外面的一切，便满含热泪地对成吉思汗说：

　　　　"当苍茫大地还未发育

　　　　如同土丘般大小的时候起

　　　　我就随你走到了今天！

　　　　当滚滚江水还未发育

如同小溪般长短的时候起

我就跟你走到了今天！"

一听父亲这话，晃豁塔歹六兄弟"嚯！"地站起堵住门口，纷纷挽起衣袖围着炉灶欲要动手。"躲开，我要出去！"成吉思汗怒吼一声，起身走了出去。成吉思汗一出门口，弓箭手们立即上来护住了他。接着，成吉思汗走过去看了看被扔在车阵一旁的通天巫阔阔出，便派人取来一项毡房扣到了他的身上。之后，备起车马，立即搬离了住地。

用毡房扣住断了腰椎的通天巫，成吉思汗又派人将毡房天窗、房门关个严实，派人看守起来。当到第三夜天明时，毡房天窗忽然大开，接着通天巫的躯体莫名其妙地消失了。经查，通天巫的躯体确已不见了。对此，成吉思汗说道："通天巫不仅对我弟弟动手动脚，还谗言离间我们兄弟之情。所以，长生天责怪他，将他的性命与躯体一同收回去了。"之后，成吉思汗谴责蒙力克老父道："你不管束孩子们的脾性，使得他们膨胀自大，欲与我们平起平坐。因而，才使通天巫丢掉了性命。早知你们这般德行，我会让你们变成另一个札木合、阿勒坛、忽察儿！"接着又说："人活于世，不能言而无信，朝令夕改。若是那样，会受天下人耻笑的！我曾有言在先，这次不追究你死罪了。"成吉思汗还说道："蒙力克老父若是管束有力，他的孩子们若是不这般闹腾，何人能比蒙力克之家呀！"

自通天巫死后，晃豁塔歹兄弟的气焰不再嚣张了。

卷 十 一

其后，成吉思汗于羊儿年（辛未、公元 1211 年）发兵金国，攻下抚州，越过野孤岭（今张家口北），直取宣德府后，派者别、古亦古捏克二勇将为先锋攻至居庸关。见有大军把守，者别说："引诱他们出来，然后再战！"便率军后撤。"追！"一见者别大军后退，金兵便冲出关隘，漫山遍野地追了过来。当金兵追至宣德府附近时，者

·契丹小字铜镜·

来自白山黑水间的女真人（当时蒙古人称乞塔惕）建立金朝后，与草原强部蒙古人打打杀杀百余年。其间，占统治地位的金国，曾将蒙古部可罕俺巴孩和合不勒可罕长子斡勤巴儿合黑钉死在木驴上。同时，采取"灭丁"政策，每三年发兵向北剿杀一次蒙古男女老幼。对此，成吉思汗耿耿于怀。这样，一场决定蒙古与金国历史命运的战争就不可避免地打响了。

别大军掉转马头迎面冲去，打败了陆续来到的金兵。紧接着，从后面到来的成吉思汗所率主力中军乘胜而进，连续打败黑契丹、女真、主因等金兵精锐，势如破竹地杀到了居庸关之下。者别顺势攻下居庸关后越过了山岭。成吉思汗则下营到龙虎台后，向中都及其他各城派出了攻城大军。命者别攻东昌城。者别抵东昌攻城不克，便率军后退六日后突然掉转马头连夜急行，趁守军不备一举攻下了东昌城。

者别攻下东昌城后，返回来又与成吉思汗中军会合。当中都城正被围攻之时，阿勒坛罕（金主之意）之大臣完颜丞相向阿勒坛罕献言道："天地之命，已到大位更

· 玉座龙 ·

替的时候。蒙古来势甚猛，已破
我黑契丹、女真、主因等勇猛之师，
接着又攻下了我众兵固守的要塞居庸
关。如今，我们虽然尚还可以发兵出
战，但若再被他们击溃，兵勇必将逃
进各个城中，不仅不好收集再战，
还有可能不再服从我们。若
阿勒坛罕恩准，我们现在
就与蒙古罕议和。待蒙古
军议和退去后我们再作他
图。据说，蒙古兵勇及战
马因极不适应我们这里的
气候而烦躁不安。将美女送
给他们的罕主，将金银财宝
分给他们的兵勇。此计，不知
他们接受与否？"阿勒坛罕采纳
了完颜丞相的建言，便向成吉
思汗献去公主的同时，从中都
城拿出了足使蒙古兵勇力
取有余的金银财宝，派完
颜丞相前去议和。成吉思汗答应议和，便立即撤回了
各路攻城大军。完颜丞相亲送成吉思汗至莫州、抚州
后才返了回去。我军拿到人尽其力的财宝后，用熟绢
捆在马背上驮了回来。

    之后，成吉思汗率军征战合申（西夏）百姓。见

·女真文字盘口瓶·

〉合申〈

合申百姓（又称唐兀惕百姓），即当时的西夏国。党项羌是他的主体民族。其都城兴庆府，即今宁夏银川市。此次出征合申是成吉思汗对西夏发动的第三次进攻。西夏原与金朝订有"将来或有不虞，交相救援"的盟约。但是，当成吉思汗几次进攻西夏时，金朝从未出兵相救。在此情况下，夏襄宗愤金人毁盟，遂投降了成吉思汗。

成吉思汗挥师而至，合申国之主不儿罕前来迎降道："愿为君之右手为您效力！"便将名为察合的女儿献给了成吉思汗。随后，不儿罕对成吉思汗说道："闻成吉思汗大名我等惧怕已久。如今君威亲临，更是惊恐之极。今惊惧不已的我们唐兀惕百姓愿做您右手，为您效力。"接着，又说道："我们将这般效力于您：

我们住在泥石筑就的城邑
惯以聚居而不善迁徙
无力如令疾行出征
无法按旨速征厮杀！
若得成吉思汗的恩准
我们唐兀惕举国百姓
愿将养于高草丛中的
健壮无比的众多骆驼
当作贡赋敬献与您！
愿将亲手编织而成的
花纹美丽的布匹物品
当作贡赋敬献与您！

·蕉叶纹白瓷温碗·

愿将用心调教出来的
无比勇猛的狩猎之鹰
当作贡赋敬献与您！"

不儿罕言而有信，很快
征集到多如牛毛的良驼献给了成
吉思汗。

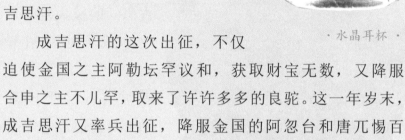

·水晶耳杯·

成吉思汗的这次出征，不仅
迫使金国之主阿勒坛罕议和，获取财宝无数，又降服
合申之主不儿罕，取来了许许多多的良驼。这一年岁末，
成吉思汗又率兵出征，降服金国的阿忽台和唐兀惕百
姓之亦鲁忽不儿罕后，回到撒阿里阔野下营。

之后，成吉思汗派往宋国招降的使者主卜罕等一
行被金国的阿忽台扣留。成吉思汗就此于狗儿年（甲
戌、公元 1214 年）再度出征金国。"既然与我们议和
了，为什么还要扣留我派往宋国的使者？"成吉思汗
在亲率大军向潼关进发的同时，派者别向居庸关方向
进击。金国的阿勒坛罕得知成吉思汗攻向潼关的消息，
忙派亦列、合答、豁孛格秃儿三人为将，红衣军为先锋，
率其精锐前去助守潼关。并令道："死守潼关，决不
能让他们越过山岭！"当成吉思汗进至潼关时，潼关守
军漫山盖野地打了过来。成吉思汗迎击过去，与亦列、
合答、豁孛格秃儿展开了激烈的厮杀，并打退了亦列、
合答。就在这时，拖雷与赤古女婿率军从侧面发起猛攻，
击退红衣军之后，击垮亦列、合答，把金军杀得积尸
如烂木堆。阿勒坛罕得知金军已被全歼的消息，急忙

逃出中都，逃到了南京城。剩余的残军无以果腹，却自相残杀吃起了人肉。

拖雷与赤古女婿因骁勇善战，得到了成吉思汗的极大赞赏。

成吉思汗驻营于河西务，又到中都城失剌阔野下营。这时，者别也攻下居庸关，驱赶守军来与成吉思汗会合。阿勒坛罕逃出中都时，合答受命留守中都。成吉思汗派汪古儿司厨、阿儿孩合撒儿、失吉忽秃忽三人进城盘点中都城内金、银、财宝及缎匹等财物。合答闻得三人前来，便携城中金缎、纹缎出城迎接。见此，失吉忽秃忽对合答说道："从前，这中都城和城中的一切归阿勒坛罕所有。而现在，这中都城已归成吉思汗所有。你怎么敢窃取成吉思汗的物品，随便送给他人呢？我不能接受这些东西！"从而，没有接受合答所送物品。汪古儿司厨、阿儿孩合撒儿却没有拒绝，伸手接过了送来的物品。当三人盘点好中都城中物品归来，成吉思汗问汪古儿、阿儿孩合撒儿、失吉忽秃忽三人道："合答送了何物？"失吉忽秃忽回答道：

· 盘口穿带白瓷瓶 ·

〉阿勒坛罕〈

成吉思汗及其继承者对金朝的战争是一场持续了24个春秋的超持久战。蒙古伐金的第一阶段战役，以成吉思汗班师凯旋而告结束，耗时5年有余。此间，大小战役无数，狼烟、铁蹄席卷了黄河以北的山川大地。据学者研究，本段出现的"阿勒坛罕自请顿首归降，派其儿子腾格里等为成吉思汗从军效力"一事，在《金史》《元史》中并无记录。

"送来了金缎、纹缎。但我对他说'从前，这中都城和城中的一切归阿勒坛罕所有。而现在，这中都已归成吉思汗所有。你怎么敢窃取成吉思汗的物品，随便送给他人呢？'故我没有接受。而汪古儿、阿儿孩合撒儿二人却接受了赠品。"于是，成吉思汗厉声指责汪古儿和阿儿孩二人，对失吉忽秃忽大加赞赏道："你识得大体！不愧为我的视之明目，听之聪耳！"

之后，逃到南京城的阿勒坛罕，自请顿首归降，派他的儿子腾格里带着一百人前来为成吉思汗从军效力。成吉思汗接受阿勒坛罕归降后，下令退兵，经居庸关撤回后方大本营。与此同时，命合撒儿率左翼军沿海边绕行而去，并令道："经大宁城并将其攻下后，再向女真

· "献文庙"铜爵祭器 ·

·灰陶驮囊马·

之夫合讷进击。若遇抵抗，可与他们大战一场。若是归降，则沿其边境各城，渡涝剌、纳涝等河，溯讨涝儿河北上，越过兴安岭回大本营！"同时，派主儿扯歹、阿勒赤、脱栾参谋官等随合撒儿同去。合撒儿奉命而去，攻下大宁城，降服女真之夫合讷，征服沿路各城后，溯讨涝儿河，北上兴安岭，回到了后方大本营。

其后，成吉思汗派往撒儿塔兀勒百姓的兀忽纳等百名使者被羁杀。对此，成吉思汗说道："怎能让撒儿塔兀勒人断我金链绳而坐视不管呢？要报撒儿塔兀勒人杀我使者之仇！"出征之时，也遂夫人向成吉思汗进言道："可罕您——

向那横亘万重高山的远方
向那纵深千条河水的他乡
率军出征远行的时候
应对江山有所安排！
人生在世孰能长生
世上万物皆有终辰
如你伟岸的身躯高山般倾去

将这江山交与谁呢？
如你高大的身躯大树般倾去
将这家国委与谁呢？

从你英杰的四个儿子中，委谁继你之大位？应让我等臣妾及你弟弟和众民知道。今所虑之事已奏，愿闻可罕圣裁。"

听罢这话，成吉思汗说道："虽为妇道人家，也遂所言对之又对！我的弟弟们、儿子们及孛斡儿出、木合黎等谁也未向我提及此事。由于我不是继承祖先的汗位，竟没有想到确定接班人的问题。如同不遭身死之事，安睡而未省啊！"接着，成吉思汗问拙赤道："拙赤，你是我的长子，你有何想法？说说看！"未等拙赤开口，察阿歹上前说道："先让拙赤说话，您莫不是要传位给他？他是篾儿乞惕种，我等岂能受他管治！"一听此话，拙赤"嚯！"地站起，一把抓过察阿歹的衣领说道："罕父都没有这样说过我，你怎么能将我当作外人？你哪一点比我强？只不过脾气比我暴躁而已！射箭，

· 铜权 ·

·鎏金六耳青铜锅·

我若输给你，就剁掉我的大拇指。摔跤，我若败给你，就从地上不再起来。只请罕父圣断。"当拙赤、察阿歹二人揪着对方的衣领相持时，孛斡儿出、木合黎急忙上前拽开了二人的手。成吉思汗没说话，只在那里默默地看着。这时，站在左侧的阔阔搠思开口说道："察阿歹你为何如此急躁？在诸子中，你罕父本来是很看重你的。可要知道，当你们还没有出生之前——

星空旋转

诸国相攻

厮杀掳掠不休

使人无暇入睡！

大地翻滚

列国互攻

相斗杀戮不停

使人无暇入寝！

在那样一个战乱动荡的时候——

并非自愿向往而去

而是被掳掠而去的

并非负心背行而去

而是被掳掠而去的
并非爱慕而奔去的
而是被捕捉而去的！

你怎能说这样不堪入耳的话，伤你圣母那乳汁般的恩情，刺你圣母那油脂般的爱怀！你等不是同样出自她温而又温的腹中，同样生自她热而又热的怀中？如果伤透了生你养你、拉扯你长大的母亲的慈爱之心，你会悔恨终生的。当你的罕父，为立这家国江山——

不顾黑头落地
不怕热血横流
无暇眨眼一回
无法安睡片刻
头枕自衣之袖
身盖长袍之襟
口中之水当饮
牙缝之肉为食
额上汗水直流脚跟地
奔波拼命的时候
脚下汗水直流到额头
艰辛创业的时候
你的圣母孛儿帖
相随相伴吃尽了苦！
为了养育诸子女
你的慈母孛儿帖
掖起长衣襟

· 八思巴文铜钱 ·

勒紧腰中带

碗里的肉舍不得吃一口

桶里的奶舍不得喝一口

日夜茹苦育你们成人！

要念你们母亲那

哺育长大的天般恩！

要念你们圣母那

养育成人的海般情！

如今你们尊贵的母亲

多想看看自己那

亲手养育的子女

携手上进的身影啊！

举国皆知，咱们圣母的心，真是明如日月、宽如大海呀！"

　　这时，成吉思汗才开口

说道："怎么可以这

样说拙赤呢？拙

赤不是我的长子

吗？以后不许说

这样的话！"听罢

父命，察阿歹笑了笑，

说："拙赤的勇力、武艺

是不可贬言的。

· 天青釉盘 ·

口杀之物不可驮着

言诛之事不可剥皮。

父罕膝下的诸子中

拙赤我俩乃是哥哥
今后我俩同心协力
多为父亲效力前行。
若是有人离之去
砍断其头颅
若是有人散之去
击碎其踵骨！

在我们兄弟当中斡歌歹最厚
道、最稳重。所以，可推举
他为大位的继承者。好让他多
在父罕身边学习治国立政的本
事。"听过察阿歹之言，成吉思
汗问拙赤道："拙赤，说说你的
想法。"拙赤答道："赞同察阿

· 黑釉玉壶春瓶 ·

歹的意见，愿和察阿歹一起效力。可推斡歌歹为大位继
承者。"成吉思汗说道："没有必要挤在一起。天地广阔、
海河无边，还是各去一邦镇守为好。可有一点必须切
记，那就是：要
不断扩展各自的
领地！拙赤、察
阿歹你们二人可
要言而有信，不
要闹出让天下人
耻笑的事来。从
前，阿勒坛、忽

> 拙赤与察阿歹 <

围绕罕位继承的大事，拙赤与
察阿歹的争吵就这样平息下来了。
研究者认为：察阿歹的提议大概是
他不想使自己父亲夺来的天下由篾
儿乞人的后代继承，而拙赤也因为
对自己的出生一直存在疑问，感到
即便做了大罕也难以服众，因此也
同意了察阿歹的提议。

出征前确定继位人，说明成吉思汗还没有绝对打胜仗的把握。在"讹答剌惨案"发生前，成吉思汗曾给花剌子模国王摩诃末写过这样的信："我知道你的势力十分强大，你的国家也很广阔。我知道尊敬的国王你统治着大地上一块广袤的土地，我深深地希望与你修好。我对于你，就像对待我的爱子一样……"可是，事与愿违，不仅发生了"讹答剌惨案"，接着又发生了派去的使者被杀，其他人胡须被剃的事件。对此，《世界征服者史》作者志费尼说道："哈只儿（亦纳勒术）执行国王的命令剥夺这些人的生命和财产，更恰当地说，他毁坏和荒废了整个世界，使全人类失去家园、财产和首领。为他们（成吉思汗的使者）的每一滴血，将使鲜血流成整整一条乌浒河；为偿付他们头上的每一根头发，每个十字路口都要有千万颗人头落地……"

察儿二人也不是立过这样的誓言吗？但因未能实践诺言而遭到了怎样的惩处，你们是知道的。我把阿勒坛、忽察儿二人的子孙分给你们二人。这样，他们的影形会处处提醒你们的。"成吉思汗又问斡歌歹道："斡歌歹，说说你的想法？"斡歌歹答道："父罕开恩要我说话，儿不知怎么说才是。怎能说个'不'字呢，还是勉力为之吧！只是担心，在久远的将来，我们的子孙中生出个裹以饲草而不为牛吃，裹以脂油

·黑釉浅腹捣钵·

而不为狗食的臭东西，怕做出射麋鹿而中小鼠的事情来。心里想的事便是这些，除此别无他言。"听罢斡歌歹的话，成吉思汗说道："斡歌歹既然说了这样的话，那就可以了。看看拖雷还有什么话要说？"拖雷说道："我愿留在父罕指定的哥哥身边，来为他——

·青铜执壶·

　　提醒他所忘之事
　　叫醒睡梦中的他
　　响应他所呼之声
　　当作其策马之鞭
　　愿为他长途出征
　　愿为他近战厮杀！"

　　成吉思汗听罢颇为满意，便降旨道："合撒儿家中报来一名，阿勒赤歹家中报来一名，斡惕赤斤家中报来一名，别勒古台家中报来一名，如此在我家诸子中也报上一名来。这样，若不违我旨意，不背我诏令，你们就不会有过，不会有失。如果，斡歌歹之子孙确实成个裹以饲草而不为牛吃，裹以脂油而不为狗食的东西，那么在我们家族血脉中难道还不出生个英杰之人吗？"

曾经执杀西辽"少监"而投奔成吉思汗的西夏人怎么又拒绝出兵了呢？学者研究认为："西夏统治集团内部本来就有反对'降蒙攻金'的势力，他们不时影响西夏对蒙古汗国的态度。"这位阿沙敢不可能就是这一势力的代表。对此，札奇斯钦先生写道："阿沙敢不是唐兀惕（西夏）的权臣，对蒙古主张强硬政策者。"

成吉思汗率军西征撒儿塔兀勒。出征时，遣使对唐兀惕国主不儿罕说："你不是说要做我的右手吗？如今，我出征撒儿塔兀勒，去报断我金链绳之仇！你做我右手前去！"不等不儿罕说话，阿沙敢不抢先开口道："既然力量不足，还做什么可罕？"这样，不仅未派兵，还用大话奚落了一番派去的使者。听使者禀报后，成吉思汗说道："岂能让阿沙敢不如此说话？先去征讨他们，又有何难？可是，眼下我们正要出征讨伐他人，故暂可不理。如得长生天之保佑，牢握我金链绳归来后，再去与他们了断！"

这样，成吉思汗从夫人中带上忽阑、从弟弟中将斡惕赤斤留在大本营后，率军越过阿剌亦岭，向撒儿塔兀勒国进发了。在本次远

· 草绿黑脉络碗 ·

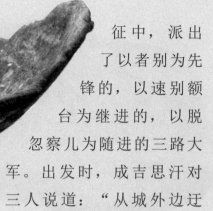

·青铜油灯·

征中，派出了以者别为先锋的，以速别额台为继进的，以脱忽察儿为随进的三路大军。出发时，成吉思汗对三人说道："从城外边迁回过去，到莎勒坛之国后面，待我们到达时前后夹击！"遵照成吉思汗的命令，者别未动一草一木地穿过了罕篾力克的城，随后速别额台也悄悄地穿了过去，而随后跟进的脱忽察儿却掳掠了罕篾力克城外的农民。因城乡被掠，罕篾力克逃到札剌勒丁·莎勒坛处，并与札剌勒丁·莎勒坛联手迎战成吉思汗。当时，成吉思汗的先头部队由失吉忽秃忽率领。札剌勒丁·莎勒坛、罕篾力克即与失吉忽秃忽交战，并将其追击至成吉思汗跟前，者别、速别额台、脱忽察儿及时从札剌勒丁·莎勒坛、罕篾力克背后杀来，前后夹击打败了他们，又乘胜追击其溃逃的余部，未给其与不合儿、薛米思加卜、兀答剌儿等诸城之军会合的机会，一直追歼到了申河岸边。为了渡河

〉札剌勒丁·莎勒坛〈

成吉思汗亲眼目睹了从悬崖上纵马跃入申河（印度河）而去的札剌勒丁·莎勒坛（札兰丁），不仅阻止了前去追击的军人，还感慨地对儿子们说："为父者应有这样的儿子！因逃脱水和火的双旋涡，他将是无数伟绩和无穷风波的创造者。一个俊杰焉能不重视他？

·石刻印经板·

逃生，撒儿塔兀勒兵勇跳进申河后大多被水淹死了。

札剌勒丁·莎勒坛、罕篯力克二人则逆申河逃命而去。成吉思汗也随即逆申河而上，攻掳巴惕客先城后，经母子二溪，到达巴鲁安阔野下营。之后，派巴剌追歼逃命而去的札剌勒丁·莎勒坛和罕篯力克。对者别、速别额台，成吉思汗大加称赞，说道："者别的名字本叫只儿豁阿台，从泰亦赤兀惕前来后才改称为者别的。"而对脱忽察儿擅自掳掠罕篯力克边城，吓跑了罕篯力克的鲁莽举动十分不满。依法当斩。之后，成吉思汗又改变主意，严加指责一番后，罢去了脱忽察儿的兵权。

成吉思汗自己从巴鲁安营地启程回返。与此同时，命拙赤、察阿歹、斡歌歹三子："率右路大军，渡阿梅河，直捣兀笼格赤城！"命拖雷前去："攻占亦鲁、亦薛不儿等诸城！"之后，动身到兀答剌儿城下营。这时，出征前去的拙赤、察阿歹、斡歌歹三子派人请旨道："兵马已齐，兀笼格赤已到，我们该听谁的指挥？"成吉思汗降旨道："听斡歌歹号令！"

成吉思汗从兀答剌儿动身，又到薛米思加卜城下营。从薛米思加卜城再到不合儿城下营。在这里，成吉思汗为等候巴剌一行，避暑于莎勒坛罕的驻夏地。其间，派人告诉拖雷说："已到盛夏天热，其他各路兵马均将归营，你也前来与我会合吧！"当时拖雷已攻取亦鲁城、亦薛不儿城，破下昔思田城，正攻出黑扯连城时，使者前来告知了成吉思汗的旨意。于是，拖雷攻下出黑扯连城后，立即回来与成吉思汗会合。

　　拙赤、察阿歹、斡歌歹三人攻下兀笼格赤城后，只顾各自分取其城郭百姓，却未分给成吉思汗一份儿。对此，成吉思汗大为不满，待拙赤、察阿歹、斡歌歹回来后，连续三日拒绝了三个儿子要觐见他的请求。见势，孛斡儿出、木合黎、失吉忽秃忽急忙上前劝谏道："已经征服了抗命不从的撒儿塔兀勒国莎勒坛等，并已夺取了他的城池和民众。被分割的兀笼格赤也罢，分割而取的儿子们也罢，都不是归您成吉思汗所有吗？得天地之助，全军将士都在为征服撒儿塔兀勒百姓而欢呼雀跃。可罕为何如此大怒不止？现在，孩儿们已

· 献三皇庙铜簋爵器 ·

对成吉思汗派勇将北征一事，有学者总结说："者别、速别额台二将奉成吉思汗之命率兵 2 万余骑追击摩诃末，扫荡高加索山脉南北，破斡罗思（俄罗斯）联军，转战 3 年，征服 14 国，破城 30 余，歼敌近 17 万，行程 5000 余公里，以极小的代价取得了极大的战果。者别、速别额台军对高加索地区及南部斡罗思的进攻是战略武力侦察，是拔都（巴图，拙赤之子）西征欧洲的前奏。"

知错惧怕了。以后，孩儿们会吸取教训的。不然，恐使孩儿们心寒懈怠起来。望可罕开恩，准其觐见吧！"听罢，成吉思汗有所气平，便让三人前来觐见。觐见时，成吉思汗引用古

人之训，前人之言，严加指责拙赤、察阿歹、斡歌歹三人，训得他们擦汗不迭，无地自容之时，弓箭手晃孩、晃塔合儿、搠儿马罕三人上前劝道："如同首次出猎的雏鹰，孩儿们刚刚学出征，怎能如此责怪他们而使他们畏缩呢？这样会使他们胆怯而灰心的。从日出之地到日落之地，敌国百

·十字宝杵纹金盒·

·马蹄形三足炉·

姓尽多。派我等烈狗前去，若能得天地之佑护，破取敌国，为您取来数不尽的金银财宝、百姓人烟。

若问派往何处？说这西边有个叫巴黑塔惕百姓聚居的合里伯莎勒坛国。我们去攻取它！"

听三人这般言语，成吉思汗息怒称是，便令晃孩、晃塔合儿继续留在自己身边，将搠儿马罕派向了巴黑塔惕国合里伯莎勒坛。

之后，又派朵儿别台勇士朵儿伯攻取位于欣都思百姓，巴黑塔惕百姓之间的阿鲁、马鲁和马答撒里国的阿卜秃城。

之后，又派速别额台勇将出征北方，直至康邻、乞卜察兀惕、巴只吉惕、斡鲁速惕、马札剌惕、阿速惕、撒速惕、薛儿客速惕、客什米儿、孛剌儿、剌剌勒等十一个外邦百姓处，渡过亦札勒河，札牙黑河，直到乞瓦绵、客儿绵城。

攻占撒儿塔兀勒国后，遵照成吉思汗的旨意，向各个城市选派管城长官。这时，名为牙剌哇赤、马思忽惕的撒儿塔兀勒父子从兀笼格赤城前来觐见成吉思汗，向成吉思汗说明了市井管理的制度。由于他们熟

征战7年的成吉思汗终于班师回到了蒙古草原。关于他的班师原因有几种说法，其中之一是：随成吉思汗出征的忽阑夫人因思乡之极，便与成吉思汗的顾问耶律楚材策划了回乡的办法。一个士兵对成吉思汗说："我们在山里迷了路，看见一头野兽，它的形状像鹿一般，是绿色的，有马尾巴，而且独角。这只野兽向着我们说蒙古话：'你们的可汗应当赶快回到故乡去。'"成吉思汗叫耶律楚材解释，耶律楚材拿着古书，谈出了劝大汗回去的意图。成吉思汗虽然清楚事情的由来，但还是说："我今天明白了，军队打仗打累了，怀念故乡草原的心越来越切，所以我会宣布，遵照上天派遣角端向我这个上天授命的人宣示的旨意，班师回草原，回我们的斡儿朵（大本营）去！"

知市井管理制度，成吉思汗便委派他的儿子马思忽惕与蒙古官员一起掌管不合儿、薛米思坚、兀笼格赤、兀丹、乞思合儿、兀里羊、古先答邻勒等城。带着他的父亲牙剌哇赤返回，委派他掌管了金国都城中都。由于，牙剌哇赤、马思忽惕熟知市井管理，故为掌管金国各城的蒙古官员每人配备了撒儿塔兀勒顾问。

成吉思汗远征撒儿塔兀勒国七年。在当地等候札剌亦儿部巴剌那颜时，受命追歼札剌勒丁·莎勒坛、罕篾力克二人的巴剌那颜渡过申河，直将二人追到了欣都思之地。但因二人如同蒸发般消失而未能抓获，巴剌便掳获欣都思边城百姓，夺取许多骆驼和羯羊。于是，成吉思汗班师返回，途中在额儿的失河驻夏。第七年鸡儿年（乙酉、公元1225年）秋回到秃兀剌河边密林中的行宫。

太祖皇帝 即成吉思罕 諱帖木真

·成吉思汗画像·

卷
十
二

住过冬天后，决定征讨
唐兀惕百姓。于是，成吉思
汗重新整点兵马，于狗儿
年（丙戌、公元 1226 年）
秋出征唐兀惕百姓。夫人
中，带去了也遂夫人。征途
中，成吉思汗乘兔斑赤马，于
阿儿不合一地猎野马群。见野马
群奔腾而来，兔斑赤马受惊，成吉思汗坠
地。成吉思汗浑身不适，便到搠斡儿合惕
一地下营休息。宿了一夜，第二天一早，也
遂夫人对大家说："诸子、群臣们商议一下吧！
可罕昨夜大烧不退，很是难受。"于是，诸子、
群臣们立即聚会商议。商议间，晃

·花鸟纹罗地执扇·

·铁锈花草纹大钵·

豁塔歹氏脱栾参谋官说道："唐兀惕百姓有筑好的城，有不能挪动的营地。他们不能背着筑就的城和不能挪动的营地逃走。我们还是回去养好可罕的身体后，再来与他们决战为好。"诸子、群臣都赞同脱栾的意见，便入帐奏闻成吉思汗。听罢，成吉思汗说道："若是回去，唐兀惕人必说我们是胆怯而退！我们还是派使者前去。其间，我就在这搠斡儿合惕疗养着，待使者回来听其答话后再做打算为好！"于是，遵照成吉思汗的旨意，派遣使者前去说道："不儿罕你不是曾经说过，'要作我右手'吗？照你所说，我在征讨撒儿塔兀勒百姓时曾通知你出兵效力。可你言而无信，不仅未出一兵一卒，还出言讥讽于我！那时，因我已另有所向，所以，我将你搁在一边踏上了征讨撒儿塔兀勒的战场。得天地之佑，我

> 小故事 〈

阿沙敢不所说的"阿剌筛"，即现在包括贺兰山在内的内蒙古阿拉善地区。额里合牙、额里折兀便是如今的银川和武威。研究者在解读阿沙敢不的这番话时，分析道："可知当时的唐兀惕人，已有分为农业定居和牧猎迁徙的两种社会之倾向。其居住于贺兰山之阳者，则为定居的农业部分，而山阴一带，仍是游牧的部落，人民勇猛好战。阿沙敢不似乎是代表游牧部落的势力。"

·团龙戏珠纹鎏金银碗·

已降服撒儿塔兀勒百姓。所以，今我前来与不儿罕你求证旧言！"听罢此言，不儿罕急忙说道："讥讽之语，并非出自我口。"阿沙敢不说道："讥讽的话是我说的。今天你们蒙古人以为惯战想要与我一战，那就到阿剌筛一地来吧！那里有我身居帐房的，惯以驼驮的人们。要战，就在那里厮杀！如果需要金银财宝，则到额里合牙、额里折兀二城来！"说完便遣使回告。将此言告知成吉思汗时，成吉思汗仍高烧不退，便说道："这还了得！他们说出这样的大话，去攻打他们，我们怎可班师？即使死也得照他们的狂言去做！一切就拜托长生天了！"于是，成吉思汗直奔阿剌筛与阿沙敢不开战。很快打败阿沙敢不，迫使他逃入阿剌筛山立寨。不久，又破寨而进，生擒阿沙敢不，将身居帐房，惯以驼驮的百姓斩杀得灰飞烟灭。屠

> 小故事 〈

据研究者考证，成吉思汗从避暑地浑垂山下来后所攻的朵儿篾孩城，即为灵州等地。前来觐见成吉思汗的不儿罕也不是从前投降过的不儿罕，而是西夏新主李睍。李睍是在中兴府遭遇强烈地震的情况下前来投降的。至此，"立国189年的西夏灭亡了。

尽唐兀惕之勇敢者之后，准其军人："可各取其所执、所获之人之物！"

成吉思汗移至雪山消夏。其间，进山清剿阿沙敢不残余的将士们，彻底剿灭了敢于与己为敌的身居帐房，惯以驼驮的唐兀惕之散兵。之后，成吉思汗恩准孛斡儿出、木合黎二人："将唐兀惕百姓尽力取之！"并说道："我未分金国的契丹百姓与你们二人。现在，你们二人可均分契丹百姓之主因人。让其男儿好汉，为你执鹰从行；让其女儿美色，为你妻女修整衣裙！毁我蒙古之父祖的阿勒坛罕之心腹者，就是这主因人。而今，我的心腹宠臣不就是你们孛斡儿出、木合黎二人吗！"

·击鼓图（壁画）·

之后，成吉思汗自雪山出发，攻克兀剌孩城。又从兀剌孩城出发，攻打朵儿篾该城时，不儿罕前来觐见成吉思汗。当不儿罕献来以金佛为首的金银器皿九九，少男少女

一代天骄、草原战神，在亚欧大陆上空舞动了几十年之久的"上帝之鞭"——成吉思汗，在他66岁这年终于永远地升归了他心目中的长生天。这一年是公元1227年8月25日，逝世地点是今甘肃省清水县境内。据记载，这位征战一生，创造了无数奇迹的一代英雄，在临终时，不仅最后敲定了斡歌歹（窝阔台）继位的大事，还向拖雷及部将交代了灭金朝亡西夏的计策。如同活着的成吉思汗创造了无数奇迹一样，归天后的成吉思汗也为后人制造了更多的谜。仅安葬地而言，至今众说不一。《南村辍耕录》和《元史》说安葬在起辇谷，而《史集》《多桑蒙古史》说安葬在不儿罕山上的一棵树下，《黑鞑事略》则说葬在客鲁涟河侧之山水环绕处，然而《蒙古游牧记》《理藩院则例》又认为葬在今内蒙古鄂尔多斯伊金霍洛旗。实也罢，虚也罢，在今内蒙古鄂尔多斯地区的成吉思汗陵是目前世界上最具规模，最为宏大，也最聚人气的成吉思汗陵园。

九九，骟马良驼九九，以诸般九九之礼上前拜谒时，成吉思汗只让他隔门而拜罢了。就在不儿罕拜谒间，成吉思汗愈加恶心难受了起来。待到第三天，成吉思汗下令赐亦鲁忽不儿罕忠顺之号，便将其召来，向脱栾参谋官下达了"将其处死！"的命令。脱栾照令处死亦鲁忽不儿罕后奏闻成吉思汗道："亦鲁忽之事已毕。"闻罢，成吉思汗降旨道："为前来与唐

·景教铜徽章·

兀惕百姓折证其言，不料在途中，我于阿儿不合猎野马而摔伤。是你，惜我身躯性命，曾建言退去为我疗愈身伤。为报敌人出言恶毒，得长生天之助，我们已将敌人握入手中而报了仇。今把亦鲁忽不儿罕献来的行宫及器皿，全部赐给脱栾！"

海螺形玉盒佩饰

这样，赐忠顺而诛亦鲁忽不儿罕，屠得唐兀惕男女灰飞烟灭之后，成吉思汗下令将士要"每餐都要说把他们'斩尽杀绝'！"

因为唐兀惕不履行诺言，所以成吉思汗再次出征唐兀惕，消灭掉唐兀惕后返回来。成吉思汗于猪儿年（丁亥、公元1227年）升天。升天前，将绝大部分唐兀惕百姓赐给了也遂夫人。

鼠儿年（戊子、公元1228年），以察阿歹、巴图为首的右手部诸子及官员，以斡惕赤斤、也古、也孙格为首的左手部诸子及官员，以拖雷为首的中央本部诸子、官员及万户长、千户长们齐聚客鲁涟河畔的阔迭兀岛之地，遵照成吉思汗的生前旨意，拥立斡歌歹为大汗。其兄察阿歹拥立弟弟斡歌歹为罕之后，察阿歹、拖雷二人，将护守成吉思汗金贵生命的宿卫、弓箭手、八千名侍卫及万名近卫、中央本部百姓交给了斡歌歹罕。

斡歌歹被拥立为大汗后，牢牢掌握了万名近卫及中央本部百姓的指挥权。之后，斡歌歹罕经与其兄察阿歹商量，为完成先父成吉思汗未竟的征服巴黑塔惕百姓之业，继前去征讨合里伯莎勒坛的搠儿马罕之后，又派出了斡豁秃儿、蒙格秃二将去增援。又得知以前曾派速别额台把阿秃儿出征康邻、乞卜察兀惕、巴只吉惕、斡鲁速惕、阿速惕、薛速惕、马札儿、客失米儿、薛儿格速惕、不合儿、客列勒等部落和国家，渡过阿的勒河、札牙里河，攻至篾客惕、绵客儿绵、客亦别之后遇到强烈抵抗的消息，又派出了由巴图、不里、古余克、蒙哥等部组成的援军。出征时，命巴图统领

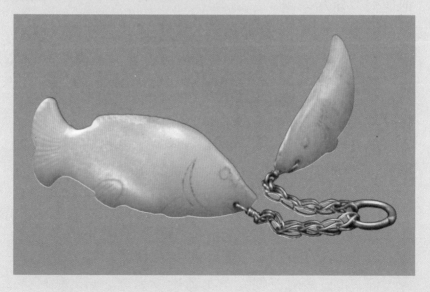

· 双鱼玉佩 ·

·备饮图（壁画）·

参加此次征程的诸子及官员，命古余克知掌由中央本
部派出的中军。命凡掌国民大权的宗王须派其长子出
征，未掌大权的宗王及万户、千户、百户、十户之长
们亦须派诸长子出征，诸公主、驸马们也皆须派其长

·铜碗口火铳·

子出征。之后，斡歌歹罕说道："这般派诸长子出征
的主意是察阿歹兄提出的。"察阿歹兄捎话说："速
别额台之后，须派各家长子出征。长子出征军数将增，
军数增多，军威则大长。那边敌众，国多，其百姓又
锐猛不驯，发怒起来都是一些不惧自刎的家伙。据说
其刀刃又锐利之极。依察阿歹兄建议，大家派长子出征。
这便是派巴图、不里、古余克、蒙哥等出征的道理所在！"

　　之后，斡歌歹罕又捎话与察阿歹兄商量道："我
是坐享父亲成吉思汗现成大位的人。恐有人说我'凭
何德何能坐上罕位，若察阿歹兄赞同，咱们去完成先
父未竟的征服金国阿勒坛罕的大业！"听罢，察阿歹赞
许道："这有何妨？将后方大本营交给一个可靠之人
后出发便是。我从这里出兵给你！"于是，斡歌歹罕将
后方大本营交给了斡勒答合儿弓箭手。

　　斡歌歹罕于兔儿年（辛卯、公元1231年），以者
别为先锋征讨金国。大军势如破竹，积尸如烂木。越
居庸关，向各个城邑攻去。这时，下营龙虎台的斡歌
歹罕忽患重病，口舌失言。召巫师占卜后，巫师说：
"金国山水之神，因怒其百姓被屠，城邑被毁而加害

于罕身。"之后，许以人命、物宝、金银、牲畜而问卜，但病情不仅不见好转，反而愈加严重起来。无奈之下，又向神道：许以亲人之命可以吗？这时，斡歌歹罕睁开眼睛，索水饮下后问道："我这是怎么了？"巫师们回奏道："因其百姓被屠，城邑被毁，金国山水之神发怒而加害于您。曾求以他人、物宝为偿而未肯，求以亲人代替时才欣然而使您苏醒了过来。不知如何才是？望您圣裁！"于是，斡歌歹问道："诸子中，如今谁在我的身边？"这时，拖雷正在其身旁看护。拖雷说道："我圣明的成吉思汗父亲，如选良驹般端详，如择羯羊般揣摩，在上有兄在下有弟的情况下，委兄以大任而将家国江山交给了您。那时，罕父命我随罕兄身边，提起所忘，唤醒所睡。如今，我若失去罕兄，将提起谁之所忘，唤醒谁之所睡呢？若罕兄真有不测，蒙古之众将成遗孤，金国敌人将会庆幸的。我替罕兄去吧！我曾劈过鳟鱼之脊，曾断过鲟鱼之背。也曾灭过明的，诛过暗的！我面色俊美，腰

· 铁镞 ·

·元中都城遗址·

背修长，巫师们咒将起来吧！"巫师们随即做起法事，舞之祷之一阵后，让拖雷喝下了盛满咒语的法水。少顷，拖雷说："我已大醉！在我醉醒之前，照顾遗孤之事就拜托罕兄了。该说的都已说完，现在我已醉了！"即走出屋去，昏厥而亡。

斡歌歹罕讨平了阿勒坛罕，赐其名小厮，掳尽其金银、绸缎、物宝、马匹、侍佣等后，为南京、中都等各个城市委派了先锋军、指挥官及镇守官等。之后，平安健康地回到了合剌豁鲁麻城。

弓箭手搠儿马罕终于征服了巴黑塔惕百姓。得闻其地沃、物美，斡歌歹罕降旨道："搠儿马罕就留在那里，做镇军指挥。并负责每年向大本营缴送黄金、浑金、织金、绣金、珍珠、东珠、长颈高脚大马、力驼等事宜。"

继速别额台勇将之后，出征的巴图、不里、古余克、蒙哥等诸长子们征服康邻、乞卜察兀惕、巴只吉惕，渡过额只勒河、札牙黑河，攻破篾格惕城，杀斡鲁速惕人，掳掠尽了斡鲁速惕百姓。之后，又降服阿速惕、薛速惕、孛剌儿蛮、客儿绵、乞瓦等城邦百姓，并向其一一委派知掌大官后回到了大本营。

继前往征讨女真、高丽的札剌亦儿台弓箭手之后，又派出了弓箭手也速迭儿前去增援。出征时，命他就在那里做镇守之官！

巴图从乞卜察兀惕地方派人密告斡歌歹罕道："得长生天之力，托罕叔之威，破篾格惕城，掳斡鲁速惕之

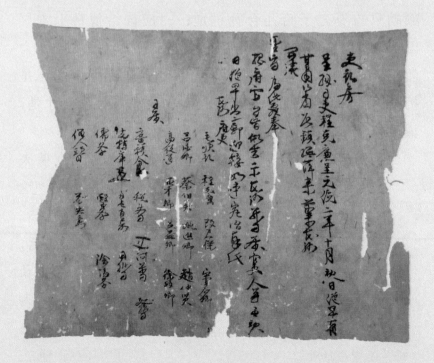

·吏礼房通知·

众，降服八方十一邦百姓，我们勒住黄金缰绳，搭起帐篷，设宴作别。在宴席上，作为诸子之兄，我先饮了一两碗酒。为此，不里、古余克对我不满，离席而去。

·水晶盒·

去时，不里说道：'巴图本与我们同等身份，为什么先于我们饮酒？真想把这长有胡须的婆娘踹上几脚！'古余克说道：'咱俩打烂这身背弓箭的婆娘的前胸吧！'额勒只吉歹之子哈儿合孙说道：'应该给他带上木尾巴！'我们虽然向他们说明征伐他邦异国，应齐心协力而不应内讧的道理，并劝他们不要这样，可他们还是扔下这样的话，气冲冲地离去了。如今我不知如何才是，望罕叔圣裁！"

听罢巴图此言，斡歌歹罕大怒，未准古余克前来觐见，并说道："这不自量力的狂徒，不知听了谁的话，如此谩骂他的长兄。敢与其兄为敌，这颗独卵腐烂了！应派他去

> 小故事 〈

高丽，是朝鲜古代王氏政权建立的封建国家。蒙古与高丽，在成吉思汗时期就已开始产生纠纷，争夺夺延续到了斡歌歹罕时代。蒙古共征高丽四次，历时55年，终以高丽王族和元朝皇室结为"甥舅之好"而宣告结束。

遥远之地，让他攻破山崖般坚固的外邦城池，以磨尽他十指之利爪！应派他去边陲之地，让他攀登石头般坚固的外邦城墙，以磨尽他五指之利爪！那个哈儿合孙狂徒，效仿谁而骂我家族亲人？哈儿合孙理应问斩才是。这样，难免说我偏心了。故将古余克、哈儿合孙一同派去吧！至于不里，让巴图直接告诉我察阿歹兄即可，察阿歹兄自会处置的！"

这时，诸子中的忙该，众官中的阿勒赤歹、晃豁儿台、掌吉等上前劝谏斡歌歹罕道："您的成吉思汗父亲曾有言在先：家外之事，家外了之，家内之事，家内了之！现在，您为古余克而发怒，其实古余克之事属于家外之列。您若恩准，此事就交巴图处置如何？"斡歌歹罕听罢，便觉此言有理，即召古余克觐见。古余克觐见时，斡歌歹罕怒斥道："据说征进时，你打人成性，使兵士们臀无完肤？你剥尽军人的面子，挫伤他们的锐气？你以为斡鲁速惕人是惧你怒气而投降的吗？好像就你自己征服了斡鲁速惕百姓似的，狂妄自大到与兄反目而不顾了？圣明的成吉思汗父亲不是曾经说过：'人多势众，深水溺人'吗？分明是在速别额台、不

·缠枝纹青花杯·

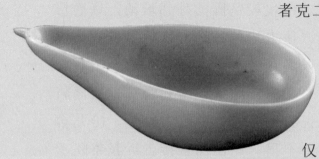

·白瓷勺·

者克二人翅膀的遮护下，你们众人合力攻打而使斡鲁速惕、乞卜察兀惕降服的。你初出家门，仅得一、二斡鲁速惕、乞卜察兀惕人就自大狂妄起来，惹是生非！

与他人相比，你就如同未得羔羊之一蹄！幸好有阿勒赤歹、晃豁儿台、掌吉的好言相劝，消去了我汹汹之怒气。因事出家外，当由巴图处置才是！古余克、哈儿合孙二人由巴图罚处，不里则交察阿歹兄查处吧！”

之后，斡歌歹罕下令道：“关于曾守护我成吉思汗父亲金贵生命的宿卫、弓箭手、近卫及全体侍卫人员，现颁令如下：按照圣父指令行事！弓箭手、侍卫人员要按原来的规矩值完日班后，须在日落时向宿卫交岗，然后撤到院外宿营。夜间，由宿卫队服侍护卫我们！日落后，凡夜行入内者，宿卫即可逮捕宿下。当众人散去之后，除宿卫之外有入内者，宿卫须砍下其头颅！夜送急报的须通报宿卫人员，在宿卫的陪伴下，从房后报告所报事宜。凡出宫入宫之事，由晃豁儿台、失剌罕二执法官会同宿卫知掌。额勒只格歹虽为心腹之人，但曾因靠近岗班而受过罚。大家要以此为戒，严守规矩，尽管为我心腹者，也不要靠近宿卫的岗班，不要探问宿卫的人数。不论何人，不得靠近宿卫之岗，不得行

蒙古秘史

于岗班之间！靠近岗班者，岗间穿行者，宿卫一律拿下！
而对探问人数者，则要扣其所乘之马，脱其所着之衣！
无论何人，不得坐于宿卫之岗！纛、鼓、仪枪、器皿
等由宿卫管护。饮食之品、酒肉、酸甜等由宿卫掌管！"
又令道："宫室房车须由宿卫掌管。若是我不亲征参战，
宿卫则不得离开我们而出征参战。当我们外出打猎时，
除部分宿卫留守宫室外，其他宿卫须与我们同往狩猎！
行迁选址、搭建帐房等由宿卫掌管！宫门两侧须由宿
卫时刻把守！全体宿卫由千户官合答安统领！"接着，
还令道："合答安、不剌合答儿为一组，负责宫室两
侧各半范围的防护！阿马勒、察纳儿二人为一组，负
责宫室两侧各半范围的防护！合歹、豁里合察儿为一
组，负责宫室两侧各半范围的防护！牙勒巴黑、合剌
兀答儿为一组，负

责宫室两侧各
半范围的防护！
合答安、不剌合
答儿组，阿
马勒、察纳
儿组，这两
组宿卫要在
宫室左侧居住。
合歹、豁里合
察儿组，牙勒
巴黑、合剌兀答

· 铁锈花瓷香炉 ·

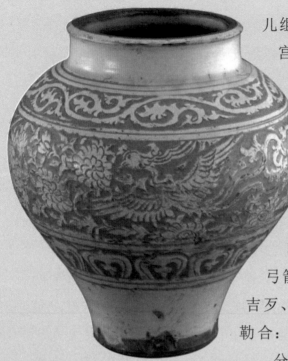
· 白釉剔花罐 ·

儿组，这两组宿卫要在宫室右侧居住。凡这四组宿卫由合答安那颜统领。宿卫要在我寝室周围把门服侍。室内酒局由两名宿卫料理。"之后，斡歌歹罕又令知掌弓箭手的也孙迭额、不吉歹、豁儿忽答黑、刺巴勒合："将带弓箭的近卫分成四组，并各领其一组人宫侍卫！"接着，斡歌歹罕将原班组长的亲族委任到各班组后，下令道："按原来之职，阿勒赤歹、晃豁儿塔孩领一组近卫人内服侍！帖木迭儿、者古领一组近卫人内服侍！忙忽台携其助手领一组近卫人内服侍！委额勒只吉歹为众官之长，众官须要听从额勒只吉歹指挥！轮值的岗哨如迟到，要按原规矩处三鞭之罚，此人若再犯此过，则处七鞭之罚，再若此人身体康健而又不经管领允许，三犯此过，可处三十七鞭之罪，并须将其发配到目不可及的远方去！入岗当值前，各组管领须清点本组人数，若不点而入，则严罚其组管领！三轮各组管领须将此令传至每个侍卫人员。若未传而生误，其过当归管领本人。未经我的许可，各管领不得擅自处罚正在值岗的侍卫。如有犯过者，须禀告我准许后当罚则罚，当杀则杀。管领者，如以长官自居，未经我准许而对我的侍卫妄动拳掌，则可杖以还杖，拳以还拳。我的侍卫之身份，当高于一般的千户官。一般的千户官若与我侍卫发生争执，则按律令处罚其千户官！"

　　斡歌歹罕又说道："成吉思汗父亲艰辛创立了家国。因此不能让百姓受苦，应让百姓手足着地而快乐幸福！我居父亲现成大位，应以造福百姓为己任才是。作为补济，每年从外邦每群牲畜中征来肉羊一只，并从每百羊中拿出一只救济国内的穷苦者。再者，兄弟兵勇众人相聚时，不应总向当地百姓征收饮食之物。要让千户官们捐出骒马、派来挤奶者、司营者，让他成为常年专营的司驹人。当为官者、为兄弟者聚首相欢时，每人应有所捐献。要将所捐献的利物、缎匹、银锭、箭筒、弓矢、衣甲等放人仓中，派司库者看护。要把土地、草场分给百姓营居。在分土地、草场时，各千户要派一名司营者。再者，旷野之地，除野兽外

·钧窑鸡心罐·

别无人烟，百姓们盼望着过散居而自在的生活。派察乃、委兀儿台二司营为首，到旷野之地找水掘井。再一个是，如今使臣往来不仅耗时过长，且扰害百姓之事颇多。现在，我们要把它改为常年有效的新制，那就是叫各地千户设驿站，出人马，以便使者来往。禁止使者无故扰民，只准其顺专道来往。

这是察乃、不剌合答儿向我建议的，我觉得很有道理。究竟可否，望察阿歹兄裁定！"便派人向察阿歹报告。

·海螺·

所告之事，察阿歹皆赞同，便打发使者回话道："所问诸事，即可做起！我从这里设起驿站。再从这里派人告诉巴图，叫他也设起驿站，与我们相接起来！举国之内，设驿站便利往来的建议，的确是良言啊！"

之后，斡歌歹罕颁令道："我之所提，已得察阿歹兄、巴图为首的右手诸子及官员，斡惕赤斤、者古等左手诸子及官

·青釉印花花口盘·

蒙古秘史

·白釉铁锈花盆·

员以及中央本部诸公主、驸马、万户、千户、百户、十户赞同。故颁令如下：作为大罕宫室之用，每群牲畜征二岁羯羊一只。又从每百个羊中抽取二岁母羊一只，救济贫苦之人。设驿站、置站夫、马夫，以安民而便利使者往来！凡宣之事，因已得察阿歹及众家官员的同意，即按'可罕'圣旨筹办起来。供宫室食用的羯羊征来了，救济贫苦之人的母羊也征来了。又将征来的骒马赶到一起配备了专门的司马、司财、司米等人员。又征来站夫、马夫、选定驿站站址、接通站道后，委派阿剌浅、脱忽察儿二人执掌。并令各站配备司马人二十。遂让每处驿站配备起了二十名司马人。之后，下令道："驿站用马、肉羊、乳用骒马、驾车之牛、载物之车等须按如数准备好。若有短少者，劈其鼻嘴一半！"

之后，斡歌歹罕说道："继我父亲大位之后，我做了如下几件事：一是降服了金国百姓；二是为来往使者、搬运所需物品而修起了驿站；三是在无水之地掘井出水，满足了百姓的水草之需；四是在诸城百姓中派驻了镇守官、知事官等，从而使百姓们手足着地而安居了起来。自父亲之后，我做了这四件事。再者，继父亲大位之后，本是肩负国之重任的我，却沉湎美酒过度，这是我的过错之一。过错之二是，听信泼妇之言，错误地从斡惕赤斤叔叔的属民中娶了女子。过错之三是，暗害脱豁勒忽之过。说来此过，我不应听信歹人之言而暗害曾为我罕父冲锋陷阵的脱豁勒忽大人。而今，有谁能像他那样为我冲锋陷阵呢？我因不察而害罕父之忠臣自责不已。过错之四是，为了不让天地而生的野兽跑到为兄为弟的领地，我筑起土墙试图拦住野兽。从而听到了来自兄弟的怨言。这是我的又一过错！这般，自罕父之后，我做了四件益事，又犯了四项过错！"

当聚大会于鼠儿（庚子、公元 1240 年）年七月，在客鲁涟河阔迭岛朵罗安孛勒答黑与失勒斤扯克间大罕行宫下榻时，写毕此书。

参考书目

《蒙古秘史》（蒙古文）巴雅尔标音　内蒙古人民出版社　1980 年

《蒙古秘史》（蒙古文）编委会编　内蒙古人民出版社　1993 年

《新译注释〈蒙古秘史〉》（蒙古文）泰亦·满昌　内蒙古人民出版社　1985 年

《蒙古族通史》孟广耀等撰写　内蒙古人民出版社　1993 年

《新译简注〈蒙古秘史〉》道润梯步译著　内蒙古人民出版社　1979 年

《元史辞典》邱澍森　山东教育出版社　2002 年

《蒙古族风俗志》王迅　苏赫巴鲁编著　民族出版社　1990 年

《蒙古族大辞典》文精主编　内蒙古人民出版社　2004 年

《风暴帝国》倪健中主编　中国国际广播出版社　1997 年

《蒙古族古代战例史》巴特　洪坚毅著　金城出版社　2002 年

《〈蒙古秘史〉的世界》白音门德等编　内蒙古人民出版社　1998 年

《〈蒙古秘史〉跨学科文化研究》杭爱著　内蒙古人民出版社　2004 年

《成吉思汗的传说》特古斯巴雅尔主编　内蒙古人民出版社　1998 年

《山水传说故事》却日乐扎汇编　内蒙古人民出版社　1992 年

《成吉思汗陵》旺楚格编著　内蒙古人民出版社　2004 年

《蒙古神话传说大观》［蒙］浩·桑皮勒登德布编　民族出版社　2002 年

《蒙古人的文字与书籍》［匈］卡拉著　内蒙古人民出版社　2004 年

《蒙古巫术》瓦·赛音朝克图著　内蒙古人民出版社 1999 年

《千年风云第一人》巴拉吉尼玛等编　民族出版社 2003 年

《蒙古学百科全书》（文物考古卷）编委会编　内蒙古人民出版社 2004 年

《成吉思汗》内蒙古自治区博物馆编　北京出版社 2004 年

《内蒙古大辞典》编委会编　内蒙古人民出版社 1991 年

《蒙古族传统生活概观》孟克德力格尔编著　内蒙古人民出版社 2000 年

《神奇的巴丹吉林》斯琴摄影　阿拉善右旗人民政府 2005 年

蒙古秘史